ÉCRIT PAR LE VÉTÉRINAIRE JAPONAIS
DR. YUKI HATTORI

CE QUE CHAT VEUT DIRE

Pour entretenir une relation
durable et équilibrée avec son chat

MARABOUT

AVANT-PROPOS

Passer des moments agréables avec son chat et le rendre heureux, c'est le souhait de tous les amoureux des félins. Voici quelques astuces pour y parvenir.

Entourés d'une aura mystérieuse, les chats donnent parfois l'impression d'être capricieux et distants. Cette image est sans doute due à leur façon de vivre à leur rythme et à leur caractère têtu. Mais nos petits protégés sont en réalité des êtres très sensibles, qui expriment mille et un sentiments grâce à leur langage corporel. Quand vous aurez appris à le décrypter, vous verrez que chaque mimique, même anodine, a une signification. Vous ne regarderez plus votre chat comme avant ! Depuis quelques années, on recommande volontiers de garder les chats à l'intérieur plutôt que de les laisser gambader dehors, autant pour la sécurité de nos compagnons à quatre pattes que par égard pour le voisinage. Les maîtres doivent cependant veiller à ce que ce confinement respecte l'instinct des chats et ne leur procure aucun stress.

L'espérance de vie des chats domestiques s'allonge d'année en année, et il n'est pas rare aujourd'hui de voir des chats de plus de 20 ans. Pour que votre matou puisse vivre longtemps et en pleine forme, il faut lui donner une nourriture saine, être attentif à sa santé et savoir détecter rapidement toute anomalie. On peut donc dire que sa longévité dépend de l'amour et de l'attention que vous lui porterez. Pour vivre heureux avec son chat, il faut bien le connaître. Ce livre peut vous y aider grâce aux nombreux conseils pour comprendre le comportement du chat, lui aménager un environnement optimal et entretenir sa santé.

Je serais tellement heureux si ce livre pouvait être un tant soit peu utile aux chats et à leurs maîtres.

SOMMAIRE

CHAPITRE 5 : AMÉNAGER NOTRE INTÉRIEUR POUR MIEUX L'ACCUEILLIR

CHAPITRE 6 : TOUT SAVOIR SUR LE CHAT

LES 10 COMMANDEMENTS POUR CONNAÎTRE SON CHAT

1 **La morphologie du chat n'aura plus de secret pour toi.**

J'ai l'ouïe si fine que je peux entendre les pas d'une fourmi dans l'herbe (page 16). J'atterris toujours sur mes pattes (page 70). Mais n'oublie pas que j'ai aussi des points faibles ! (Pages 12 à 24)

2 **Tu chercheras à comprendre les états d'âme de ton chat.**

Grâce à mes miaulements et à mes mimiques, tu analyseras facilement mes sentiments et mes émotions. (Pages 38 à 64)

3 **Tu sauras que certains aliments et odeurs agréables à l'homme sont nocifs pour le chat.**

Certaines plantes et huiles essentielles a priori inoffensives peuvent s'avérer mortelles pour moi. (Pages 20 et 124)

4 **Tu observeras bien ton chat pour détecter la moindre anomalie.**

Si je me mets à me lécher anormalement ou que je me soucie trop de mes articulations, c'est que je suis peut-être malade (pages 22 et 46). Emmène-moi chez le vétérinaire en cas de comportement inhabituel !

5 **Tu ne te fâcheras point si ton chat marque son territoire dans ta demeure.**

Le marquage urinaire et les griffades sont des comportements naturels. Mais tu peux les atténuer, voire les supprimer, en me stérilisant et en m'offrant un griffoir. (Pages 64, 96, 98 et 134)

6 **Tu aménageras un coin en hauteur et une cachette pour ton chat.**

Je me sens en sécurité quand je suis en hauteur ou à l'étroit. J'adore ça ! (Pages 70 et 72)

7 **Tu penseras aux dangers que tu fais courir à ton chat en le laissant sortir.**

J'aime regarder par la fenêtre, mais je ne veux pas forcément aller dehors (page 84). Par rapport à mes congénères qui ont accès à l'extérieur, j'ai une espérance de vie supérieure de trois ans. (Page 144)

8 **Tu prodigueras des soins quotidiens à ton chat pour lui éviter blessures et maladies.**

N'oublie pas de me brosser (page 89), de me nettoyer les dents (page 90) et de me couper les griffes (page 92) aussi souvent qu'il le faudra, pour éviter blessures et maladies.

9 **Tu joueras avec ton chat jusqu'à ce qu'il soit pleinement satisfait.**

En tant que chat d'intérieur, j'ai tendance à manquer d'exercice. Essaie de trouver du temps pour jouer avec moi au quotidien ! (Page 108)

10 **Dans la mesure du possible, tu t'efforceras de mettre un peu d'argent de côté pour faire face à des dépenses imprévues.**

Durant ma vie, tu seras amené à dépenser beaucoup d'argent pour moi. Alors, peux-tu épargner pour pouvoir couvrir ces dépenses ? (Page 148)

CHAPITRE

1

L'ANATOMIE DU CHAT ET SES MYSTÈRES

SES BEAUX YEUX SECRETS

Si les yeux des chats brillent dans le noir, c'est grâce à une couche réfléchissante appelée *tapetum lucidum* (ou tapis clair) située au fond de leur globe oculaire. L'œil du chat capte la lumière 40 % plus efficacement que l'œil humain, dépourvu de *tapetum lucidum*.

UNE ACUITÉ VISUELLE MÉDIOCRE

Bien que le chat distingue très bien un objet en mouvement, il a une acuité visuelle médiocre, située entre 2/10 et 3/10 : pour ses ancêtres chasseurs, il était plus important de repérer une proie en mouvement qu'un objet inanimé.
Par ailleurs, les yeux du chat sont parfaitement adaptés à une vision nocturne.
En se dilatant, ses pupilles deviennent trois fois plus grandes que celles de l'homme et captent six fois plus de lumière. Cela lui permet d'être très actif au crépuscule et à l'aube, et explique sa réputation d'animal nocturne.

Le chat possède également un champ de vision très large.

1

Il lui arrive de ne pas remarquer un objet immobile

À cause de sa mauvaise acuité visuelle, il peut ne pas voir les objets inanimés. Mais il compense cette faiblesse par un champ de vision large, une grande sensibilité à la lumière et une ouïe fine.

Il ne distingue pas le rouge
Minou ne perçoit que le bleu et le jaune. On dit qu'il ne fait pas la distinction entre le rouge et le noir.

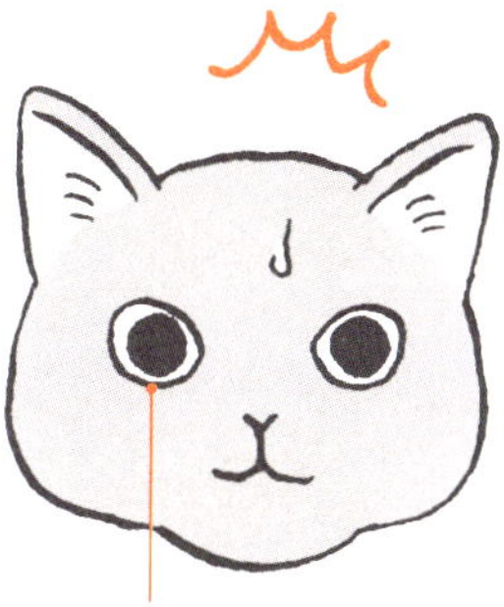

La pupille trahit les émotions du chat
Tout comme les vibrisses et les oreilles, la pupille change de forme selon que le chat est détendu ou excité. (Pages 25 et 63)

2

La pupille change de forme en fonction de la lumière et de l'état d'esprit du chat

Dans un endroit suffisamment éclairé, la pupille rétrécit pour protéger la rétine. Mais, dans la pénombre, la pupille se dilate pour laisser entrer plus de lumière. Elle se dilate aussi lorsque le chat est excité ou angoissé.

3

Tous les chatons ont les yeux bleus

Ce n'est que vers l'âge de trois mois que les pigments commencent à agir et que leurs yeux se teintent de nuances bleues ou vertes. Seules certaines races, telles que les siamois et les himalayens, conservent leurs yeux bleus à l'âge adulte à cause d'une particularité génétique.

Extrémités du corps colorées et yeux bleus
Si les extrémités (oreilles, museau, pattes et queue) sont plus colorées que le reste du corps chez les siamois et les himalayens, c'est parce que pour ces races la coloration se limite aux parties les plus froides du corps, c'est-à-dire les extrémités. Ce type de coloration du pelage porte le nom de *colourpoint*.

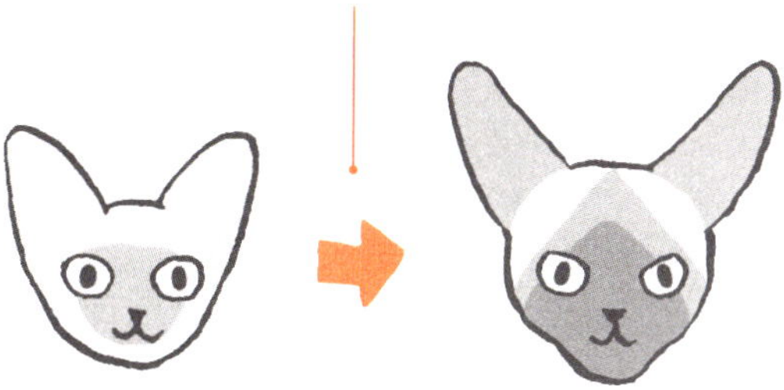

LES YEUX, RÉVÉLATEURS DE MÉFORME

Les yeux peuvent révéler des problèmes de santé plus généraux. N'oubliez pas de vérifier quotidiennement l'état des larmes et la fréquence des clignements.

ATTENTION AUX YEUX QUI NE S'OUVRENT OU NE SE FERMENT PLUS !

Les chats n'ont pas la cornée très sensible. C'est pourquoi une poussière dans l'œil ne leur fait généralement pas mal et ils n'ont pas besoin de ciller trop fréquemment.

Si vous constatez des clignements trop fréquents, il faut s'en inquiéter. De même que des paupières tombantes, qui empêchent les yeux de s'ouvrir, doivent vous alerter.

Par ailleurs, si vous constatez une anomalie au niveau de la membrane nictitante ou un écoulement inhabituel de larmes ou de chassie, il faut vite consulter votre vétérinaire.

1

Sécrétion de larmes et de chassie

La présence d'une chassie jaune verdâtre ou blanche peut être révélatrice d'une contamination bactériologique. Des larmes incessantes peuvent être provoquées par une blessure à la cornée. Dans les deux cas, vous pouvez mettre une collerette à votre chat pour l'empêcher de se gratter les yeux.

Les races à face plate

À l'instar des persans, les races à face plate ont des yeux qui pleurent constamment à cause de l'étroitesse de leurs canaux lacrymaux. Il faut donc leur essuyer les yeux très fréquemment.

2

Son blanc de l'œil jaunit

Le jaunissement du blanc de l'œil est peut-être dû à l'ictère, une maladie du foie. Le problème, c'est que cette partie de l'œil est rarement visible chez le chat. Il faut donc prendre l'habitude de soulever sa paupière de temps en temps.

Si minou va mal, vérifiez son blanc de l'œil !

Votre chat ne peut pas être en forme si les symptômes de l'ictère sont déjà visibles.

3

La membrane nictitante est visible

Cette membrane, située au coin interne de l'œil et parfois appelée « troisième paupière », a pour rôle de recouvrir et de protéger les globes oculaires du chat quand il a les yeux fermés. Si la membrane est visible alors que ses yeux sont ouverts, c'est que minou est peut-être malade.

À ne pas confondre

Ce que vous voyez autour de la pupille, c'est l'iris et non le blanc de l'œil.

Faire attention à la taille de la pupille

Si la pupille droite et la pupille gauche n'ont pas la même taille, minou a peut-être un problème de santé.

DES OREILLES TOUJOURS AUX AGUETS

Le sens le plus développé chez le chat est l'ouïe, ce qui est bien pratique pour repérer une proie dans la pénombre.

L'OUÏE DU CHAT : SON POINT FORT

Son ouïe, plus fine que celle de l'homme ou du chien, lui permet de chasser de nuit, et même d'entendre une fourmi marcher sur la pelouse.

Autre caractéristique notoire : l'ouïe du chat est particulièrement sensible aux hautes fréquences. Cela peut en partie s'expliquer par le caractère aigu du cri des souris, ses proies préférées.

Il arrive que le chat ne réponde pas à l'appel de son maître. Mais ne vous inquiétez pas ! Cela n'a rien à voir avec un éventuel problème d'audition. En revanche, sachez que les vieux chats peuvent devenir durs d'oreille...

1

Le tiercé gagnant : l'ouïe, l'odorat et la vue

Dans un ordre décroissant d'acuité, les sens les plus aiguisés chez le chat sont l'ouïe, l'odorat et la vue. Son corps a donc évolué pour s'adapter à une vie nocturne.

Toujours fidèle au poste
Ne vous est-il jamais arrivé que votre chat vous attende à l'entrée quand vous rentrez à la maison ? C'est parce que minou a reconnu vos pas ou le bruit de moteur de votre voiture...

2

Il n'entend pas les sons les plus graves

L'audiogramme du chat s'étend entre 40 Hz et 65 000 Hz environ, alors que celui de l'homme va de 20 Hz à 20 000 Hz. Cela signifie que les oreilles du chat captent très bien les sons aigus. Par contre, elles ont un peu de mal à percevoir les sons les plus graves.

Les chats aiment les voix féminines
La voix humaine se situe en général entre 200 Hz et 2 000 Hz. Si les chats semblent plus attirés par les femmes que par les hommes, c'est peut-être parce qu'ils préfèrent les voix aiguës aux voix graves.

3

Il entend même des sons inaudibles pour l'homme

Si votre chat regarde fixement un point dans le vide, c'est qu'il a probablement entendu des bruits inaudibles pour nous, tels que des battements d'ailes d'insecte ou des pas de petits rongeurs.

Son ouïe en prend un coup avec l'âge
Il arrive souvent que le chat ne réponde pas à l'appel de son maître : c'est juste qu'il n'en a pas envie. Mais parfois, son indifférence est due à la dégradation de son audition due à la vieillesse ou à la maladie. Il est difficile de mesurer précisément son ouïe mais, s'il ne réagit plus aux bruits intenses tels que la foudre, c'est que votre chat est devenu dur d'oreille.

UN ODORAT BIEN DÉVELOPPÉ

L'odorat permet au chat de localiser ses proies, ses prédateurs et sa gamelle. En réchauffant un peu sa pâtée, vous l'aiderez à stimuler son appétit grâce aux effluves qui s'en dégagent.

UN ODORAT À MI-CHEMIN ENTRE CELUI DU CHIEN ET DE L'HOMME

L'homme possède environ 10 millions de terminaux olfactifs, alors que le chat en possède 65 millions. Ces chiffres sont à comparer aux 200 millions de terminaux olfactifs que possède le berger allemand, chien policier par excellence, et vous comprendrez l'importance de ces cellules dans le mécanisme de l'odorat. On peut noter que les chats au museau plat ont un odorat moins aiguisé que celui de leurs congénères à museau oblong à cause de l'étroitesse de leur cavité nasale. En plus d'aider le chat à repérer ses proies et ses prédateurs, l'odorat lui permet de distinguer un aliment sain d'un aliment avarié. Toutes ces facultés sont indispensables pour l'animal solitaire qu'est le chat.

1

Le bisou esquimau

Il n'est pas rare de voir deux chats se toucher mutuellement le nez pour se saluer. Il arrive aussi que minou presse son nez contre les doigts de son maître, geste qui relève aussi de la salutation. Vous aurez plus de succès en lui présentant un doigt plutôt que toute la main, ce qui risque de lui faire peur.

C'est une marque d'affection
Le contact nasal est une marque d'affection entre deux chats. Si votre chat vous touche avec son nez, c'est qu'il a confiance en vous.

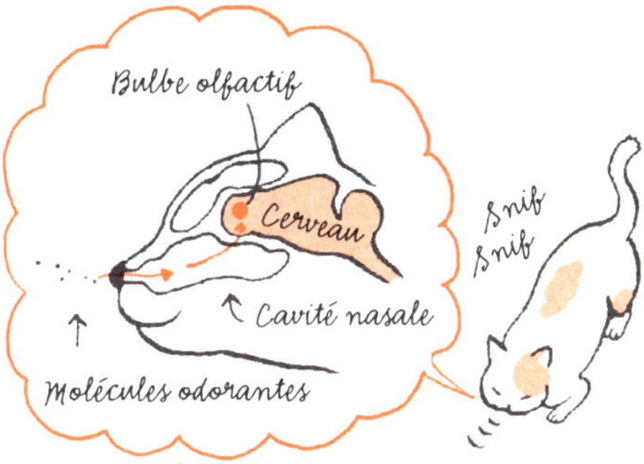

Voici mon nez !

2

La cavité nasale du chat et l'olfaction

Quand des molécules odorantes pénètrent dans le nez, elles sont détectées par des cellules olfactives, puis transformées en influx nerveux et envoyées vers le cerveau. C'est là que le chat « stocke » quantité d'odeurs, dont celle de son maître.

Les poils du nez
Contrairement à nous, les chats n'ont pas de poils dans le nez. Pourquoi ? On l'ignore. Pourtant, ces poils nous sont bien utiles pour empêcher la poussière de pénétrer dans la cavité nasale...

3

Les préférences olfactives du chat

Beaucoup de chats aiment l'odeur mentholée de nos dentifrices. Par contre, peu d'entre eux apprécient le parfum des agrumes. Mais il y a toujours des exceptions...

Je n'aime pas du tout !

La cataire
Les chats adorent l'odeur de la cataire. En petite quantité, cette plante peut les aider à se relaxer et stimuler leur appétit.

UNE TRUFFE HUMIDE : SIGNE DE BONNE SANTÉ ?

Si son nez coule sans arrêt, une visite chez le vétérinaire s'impose.

ÉCOULEMENT NASAL ET ÉTERNUEMENTS

La truffe d'un chat en bonne santé est légèrement humide. Cette caractéristique lui permet de capter un maximum d'odeurs car les molécules odorantes sont plus facilement attirées par une paroi humide.

Cette humidité relative est maintenue grâce à la sécrétion imperceptible d'écoulement nasal et de salive remontant par capillarité. Cela dit, si l'écoulement nasal devient abondant, on peut soupçonner une infection des voies respiratoires supérieures par un virus. Et si votre chat saigne du nez, on est peut-être en présence d'une tumeur. Dans les deux cas, il faut vite l'emmener en consultation. N'oubliez pas alors de transmettre à votre vétérinaire des informations utiles telles que la quantité, la couleur, la viscosité de l'écoulement nasal ou de sang, ainsi que la date à laquelle ces symptômes sont apparus.

1

Mesures à prendre contre la truffe sèche

Quand le chat ne dort pas, sa truffe doit être légèrement humide. Si ce n'est pas le cas, minou est peut-être déshydraté. Pour l'inciter à boire, vous pouvez par exemple modifier la température de son eau ou rendre celle-ci plus goûteuse en l'aromatisant.

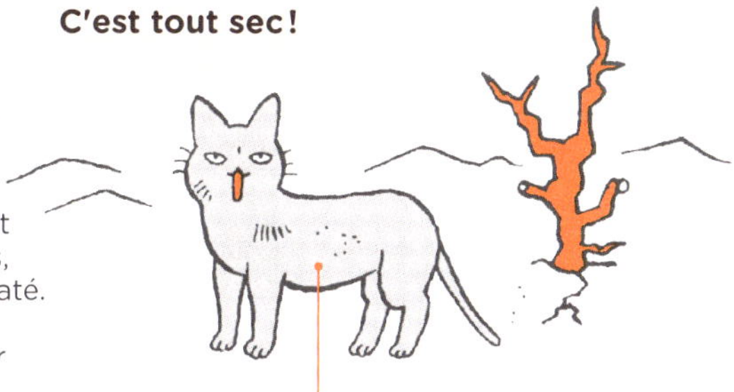

Air sec et odorat
Si la truffe de votre chat est sèche, c'est peut-être dû à l'air sec ambiant. Cela peut entraîner le dessèchement de la muqueuse olfactive, puis une déficience immunitaire et un gros rhume. En hiver, il ne faut pas hésiter à s'équiper d'un humidificateur.

Pourquoi est-ce si dangereux ?
Pour produire 1 ml d'huile essentielle, il faut une très grande quantité de plantes. Donc, si minou avale 1 ml de cette huile, c'est comme s'il ingurgitait plusieurs kilos de plantes, ce qui peut lui être fatal.

2

La nocivité de certaines huiles essentielles

Il est déconseillé de diffuser des huiles essentielles en présence d'un chat. En voulant se débarrasser de ces molécules odorantes, minou peut les ingurgiter en léchant son pelage, ce qui peut lui être fatal car il digère mal tout ce qui est d'origine végétale.

3

Ne pas fumer devant minou

Un chat qui cohabite avec un fumeur a trois fois plus de risques de développer un lymphome (tumeur maligne du système lymphatique) qu'un congénère vivant avec un non-fumeur. En effet, outre les dangers du tabagisme passif, minou peut ingurgiter des matières toxiques déposées sur son pelage en faisant sa toilette. De même, il vaut mieux ne pas brûler d'encens dans une pièce à laquelle il a accès.

Le lymphome
Le lymphome est une maladie fréquente chez le chat. Il a été démontré qu'il est favorisé par le tabagisme du propriétaire.

UNE LANGUE MULTIFONCTIONS

Le chat se sert de sa langue pour goûter les aliments, laper l'eau, faire sa toilette et exprimer son attachement à son maître. Mais les lèchements peuvent aussi être les manifestations d'une gêne ou d'une maladie.

LES LÉCHOUILLES D'AMOUR

Le léchage entre chats est un signe d'amitié. Nos petits félins se lèchent alors mutuellement le visage car c'est la seule partie du corps qu'ils ne peuvent lécher eux-mêmes. Si votre chat vous donne des léchouilles au visage et aux mains, c'est qu'il éprouve de l'affection pour vous. Mais s'il se lèche une partie du corps avec trop d'insistance, c'est peut-être qu'il ressent une douleur ou une démangeaison. Il est utile d'y jeter un œil.

La langue, c'est aussi l'organe de perception du goût. Le chat est très sensible à l'amertume, ce qui lui permet d'éviter les aliments toxiques, souvent amers. Il arrive aussi à détecter l'umami (qu'on appelle souvent la « cinquième saveur »). Par contre, minou a du mal à percevoir le sucré et le salé.

1

Sa langue lui sert de peigne et de râpe

Tapissée de nombreux petits picots, la langue du chat est très râpeuse. Minou l'utilise donc comme un peigne pour son toilettage ou comme une râpe pour détacher la viande de l'os.

Zoom sur la langue
Quand votre chat vous lèche la main, vous avez l'impression de vous frotter à du papier de verre. Cette rugosité est due aux papilles filiformes implantées sur la langue de votre petit protégé.

2

Très utile pour laper

Pour boire, le chat effleure le liquide du bout de sa langue en forme de « J » à l'envers, puis la rétracte rapidement, ce qui entraîne la formation d'une colonne d'eau qui remonte jusqu'à la bouche grâce au principe d'inertie.

J'ai soif !

Les différentes façons de s'abreuver
La langue en forme de « J » à l'envers, c'est pour boire dans la gamelle. Mais il y a des chats qui préfèrent boire l'eau qui coule du robinet. À chacun sa technique...

3

Attention au léchage compulsif

Si votre chat se lèche sans arrêt au même endroit, vous pouvez écarter ses poils pour voir si une écharde ne serait pas responsable. Il se pourrait aussi qu'il ait un problème dermatologique ou d'ordre psychologique. Si le léchage perdure, il faut l'emmener chez le vétérinaire.

Les points à observer
Avez-vous observé des rougeurs ou de l'eczéma à l'endroit où il se lèche ? Avez-vous remarqué un changement de comportement ? Si oui, ce sont des informations utiles pour votre vétérinaire.

Ça démange !

DES VIBRISSES MAJESTUEUSES ET BIEN PRATIQUES

Les vibrisses, plus communément appelées « moustaches », sont des organes sensoriels à part entière. À la naissance, les chatons s'en servent pour repérer les tétons de leur mère.

DES VIBRISSES AUX PATTES

Les vibrisses sont des organes sensoriels du toucher, un sens aussi important que l'ouïe, car c'est celui qui permet au chat d'être actif la nuit.

On trouve des vibrisses non seulement au-dessus de ses paupières et de chaque côté de son nez, mais aussi à l'arrière de ses pattes avant. Il s'agit en fait de poils plus longs et plus rigides que les autres, capables de détecter la moindre vibration grâce au réseau dense de terminaisons nerveuses se trouvant à leur base. On dit que le chat est capable de déceler un frémissement de 0,1 mm de l'extrémité de ses vibrisses.

Par ailleurs, les vibrisses lui servent de jauge pour savoir s'il peut se faufiler à travers un passage ou pas.

1

Des révélateurs d'humeur

Tout comme les mouvements de la queue (page 54), ceux des vibrisses expriment l'humeur du chat. Quand minou est curieux, il dirige ses vibrisses vers l'avant. Par contre, s'il a peur, il les ramène vers l'arrière. Et quand il veut savoir s'il peut se faufiler par une ouverture, il avance la tête et tâte l'endroit en question avec ses moustaches.

Mais encore...
Quand minou est en colère, ses vibrisses sont dirigées vers l'avant. Mais s'il est détendu ou satisfait, elles sont relâchées.

2

Les vibrisses repoussent

Les vibrisses tombent et repoussent régulièrement. Mais le rythme de renouvellement dépend de chaque individu.

La quintessence du chat
En anglais, « vibrisses » se dit *whiskers*, et l'expression anglaise *to be the cat's whiskers* signifie « être merveilleux ». On comprend aisément pourquoi certaines personnes soignent les moustaches de leur chat.

L'épaisseur des vibrisses
Les vibrisses ont un diamètre d'environ 0,3 mm et sont donc 3 à 6 fois plus épaisses que les autres poils.

Précieuses vibrisses
Les vibrisses sont implantées dans la peau trois fois plus profondément que les autres poils. C'est dire si elles représentent un capteur important pour le chat.

3

Ne jamais arracher leurs vibrisses

À l'instar des poils, les vibrisses ne font pas mal au chat lorsqu'elles tombent naturellement. Mais, si vous les lui arrachez, minou va ressentir une très forte douleur.

BIEN SE NOURRIR POUR ÊTRE EN FORME

Il est important de lui donner une nourriture équilibrée et de bien respecter les rations journalières.

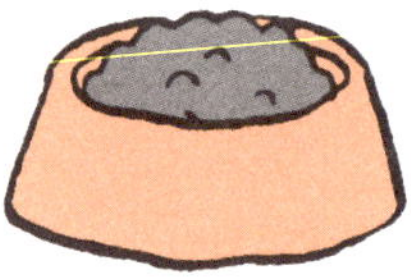

DES CROQUETTES EN LIBRE-SERVICE

Vous n'avez pas besoin de nourrir votre chat plusieurs fois par jour, une seule fois suffit. Quand la gamelle est remplie, certains chats préfèrent en dévorer le contenu en une seule fois, tandis que d'autres aiment prendre plusieurs repas quotidiens. L'important, c'est que minou ait sa ration journalière.

Vous ne devez pas remplir à nouveau sa gamelle sous prétexte qu'elle est vide.

Vous risquez de lui donner trop à manger et de favoriser l'obésité, un mal aussi bien pour l'homme que pour le chat.

1

Croquettes + eau = le combo gagnant

La santé passe avant tout par une alimentation équilibrée et suffisante. L'avantage des croquettes par rapport à l'alimentation humide, c'est qu'elles se conservent bien et peuvent rester de longues heures dans la gamelle sans se gâter.

De l'eau fraîche à volonté
L'alimentation humide contient entre 75 et 80 % d'eau, mais les croquettes n'en contiennent que 5 à 10 %. Il est donc important de laisser de l'eau fraîche à disposition de minou.

2

L'alimentation humide

Ce type d'alimentation favorise le dépôt de tartre sur les dents, obligeant un brossage régulier. D'autre part, la pâtée coûte plus cher que les croquettes et se gâte très vite, surtout en été.

Privilégier une alimentation complète
Il y a deux sortes d'alimentation pour chat : la « complète », qui permet de couvrir tous les besoins nutritionnels du chat, et la « spéciale », renforcée en certains nutriments au détriment d'autres.

3

Des croquettes pour chaque stade de la vie

Les chatons, les chats adultes et les seniors n'ont pas les mêmes besoins nutritionnels. C'est pourquoi il faut choisir des croquettes adaptées.

Des besoins nutritionnels différenciés
À chaque stade de la vie, le chat a des besoins nutritionnels bien spécifiques. Il faut adapter son alimentation en fonction de son âge (page 156).

UN COIN REPAS AGRÉABLE

L'installation du coin repas doit prendre en compte les mœurs des chats.

JAMAIS À PROXIMITÉ DE SA LITIÈRE

Les chats aiment la propreté. C'est pourquoi leur gamelle ne doit pas se trouver près de leur litière. En revanche, leur gamelle à croquettes et leur bol à eau peuvent indifféremment être placés côte à côte ou éloignés, car les chats ne boivent pas en même temps qu'ils mangent.

Même si on connaît les goûts que les chats sont capables de percevoir (page 22), on ignore toujours leurs préférences gustatives et l'évolution de celles-ci avec l'âge. Si votre petit protégé semble se lasser de ses croquettes habituelles, agrémentez-les de petits morceaux de blanc de poulet cuits à l'eau. Cela peut l'aider à retrouver l'appétit.

1

Bien calculer sa ration quotidienne

La quantité journalière recommandée (déterminée en fonction du poids du chat) est toujours indiquée au dos de votre paquet de croquettes. Il suffit donc de l'adapter au poids de minou.

Le besoin énergétique du chat
Il dépend du poids, de l'âge et de la corpulence. Mais ce calcul est très complexe. Il faut donc se référer aux indications données par le fabricant de croquettes.

2

Alimentation et niveau d'activité

Il faut également ajuster la ration quotidienne de minou selon qu'il est sédentaire ou sportif. S'il est sédentaire, il vaut mieux diminuer sa ration pour éviter qu'il se retrouve en surpoids.

En cas de prise de poids
Si votre chat a tendance à prendre de l'embonpoint, essayez de diminuer sa ration de 10 à 20 % par rapport à la quantité recommandée.

3

Des croquettes premium si possible

Les croquettes premium subissent un contrôle qualité plus sévère, intègrent des ingrédients de meilleure qualité et garantissent une alimentation plus équilibrée que les croquettes standard. Tout cela a un coût mais, si vous pouvez vous le permettre, offrez une alimentation haut de gamme à votre chat.

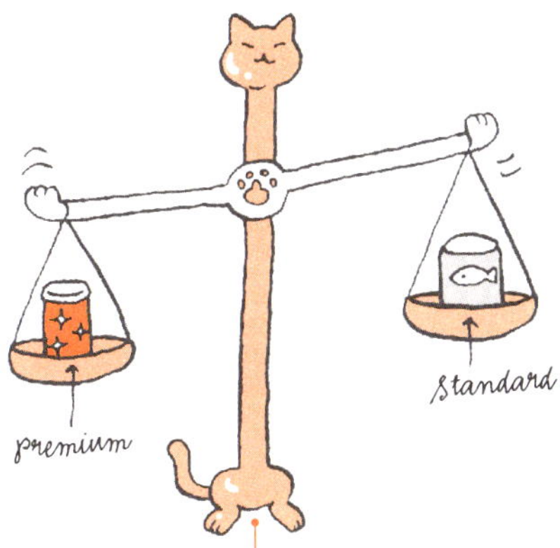

Si minou refuse ses croquettes habituelles
Si ce refus perdure plusieurs jours, il faut consulter le vétérinaire. Le chat ayant un palais sensible, il a pu tout simplement détecter une subtile modification dans les additifs utilisés, ou même un changement de lieu de production (changement d'usine). C'est déjà arrivé !

DES POINTS D'EAU INDISPENSABLES

Pour inciter votre chat à s'hydrater, il faut toujours mettre de l'eau fraîche à sa disposition et bien connaître ses préférences.

EAU DU ROBINET OU EAU MINÉRALE ?

Une bonne hydratation est essentielle pour rester en bonne santé, au même titre qu'une bonne alimentation. Afin de mieux cerner les préférences de votre chat, faites quelques essais avec de l'eau froide, de l'eau à température ambiante, de l'eau filtrée, de l'eau qui coule du robinet, etc.

1

Un bol propre et évasé

Les chats aiment l'eau fraîche. Si le niveau d'eau baisse dans le bol de minou, ne vous contentez pas de rajouter de l'eau, mais nettoyez son bol avant de le remplir à nouveau afin de le maintenir toujours propre. Choisissez plutôt un bol évasé car certains chats n'aiment pas que leurs vibrisses touchent le bord du contenant.

Toujours placer son bol loin de sa litière
À cause de son odorat très développé, le chat serait stressé si son point d'eau était à proximité de sa litière et pourrait même refuser de boire.

L'eau ne se partage pas
Les chats n'aiment pas partager leur eau avec leurs congénères ou avec les chiens.

2

Plusieurs points d'eau

Le chat aime s'abreuver à plusieurs endroits. Donc l'idéal serait de placer des bols à eau çà et là dans la maison. Si vous avez plusieurs chats, vous devez disposer d'au moins autant de bols que de chats.

3

Une hydratation excessive ou insuffisante : attention danger !

Si la consommation d'eau excède 50 ml par poids du chat au kilo, c'est peut-être dû à une maladie. Une consommation d'eau insuffisante est tout aussi inquiétante car elle peut déboucher sur une cystite ou la formation de calculs rénaux. L'important, c'est de connaître la quantité d'eau que minou boit habituellement pour éviter de passer à côté de ces signes cliniques.

Les problèmes spécifiques aux vieux chats
Si un chat senior se met à boire beaucoup d'eau, il est peut-être atteint d'une maladie du rein, d'une hyperthyroïdie ou d'un diabète (page 153).

UNE LITIÈRE TRANQUILLE ET PROPRE

Si minou va régulièrement au petit coin, c'est qu'il est satisfait de son bac à litière. N'oubliez pas de contrôler l'état de ses excréments et de son urine : ils vous donneront une indication sur sa santé en général.

OBSERVER SON CHAT SANS LE DÉRANGER

Quand tout va bien, le chat creuse un petit trou dans sa litière avant de déféquer ou d'uriner, puis recouvre de litière ses excréments ou son urine, comme pour les enterrer. Mais s'il n'est pas satisfait de son bac à litière ou de l'emplacement de celui-ci, il arrive qu'il se retienne de faire ses besoins.

Il est important de connaître la couleur, la consistance, la forme et l'odeur des selles de minou en temps normal, ainsi que leur fréquence. Cela vous permettra de détecter rapidement toute anomalie et de l'emmener éventuellement chez le vétérinaire.

1

Les signes de contrariété

Si minou néglige d'enterrer ses excréments et son urine ou ne les recouvre que partiellement, ou bien encore s'il fait mine de gratter ailleurs que dans sa litière, c'est qu'il n'est pas satisfait de son coin W-C.

Minou griffe le mur après avoir fait ses besoins

On pourrait penser qu'il s'essuie les mains, mais en fait, ce geste trahit son mécontentement au sujet de son bac à litière. Essayez alors de modifier la taille du bac, le type de litière ainsi que sa quantité.

2

Litière et propreté

Le chat aime la propreté et possède un odorat aiguisé. Si son petit coin est sale, il refusera d'y aller. Il faut donc enlever ses excréments et son urine plusieurs fois par jour.

Lavage complet du bac à intervalles réguliers

Toutes les deux à quatre semaines, il faut jeter l'intégralité de la litière usagée pour la remplacer par de la fraîche. Profitez-en pour procéder à un grand nettoyage du bac, mais évitez d'utiliser des détergents.

3

Les signes qui doivent vous alerter

Normalement, les selles doivent être plutôt dures et de couleur « chocolat au lait », et la fréquence d'excrétion d'une à deux fois par jour. Si ses selles sont trop molles ou s'il est constipé depuis trois jours, il faut l'emmener chez le vétérinaire. Même chose si vous voyez du sang dans son urine ou que celle-ci est de couleur orange.

Petit massage anti-constipation

Normalement, votre petit protégé devrait déféquer au moins une fois par jour. Si ce n'est pas le cas, faites-lui un petit massage circulaire, dans le sens des aiguilles d'une montre, en utilisant vos doigts.

UN PANIER BIEN DOUILLET

Les chats aiment dormir en hauteur et dans un espace exigu. Si vous constatez un changement dans la durée de sommeil de votre félin, il faut surveiller cela de près.

ENTRE SEIZE ET DIX-SEPT HEURES DE SOMMEIL PAR JOUR

Comparé à l'homme, le chat est un très gros dormeur. En effet, en dehors de la chasse, ses ancêtres sauvages passaient le plus clair de leur temps à dormir afin d'économiser leurs forces, et cette habitude est restée chez le chat domestique.

Pour dormir, minou choisira d'instinct un endroit douillet en hauteur pour se protéger d'éventuels prédateurs. L'idéal serait de lui aménager plusieurs coins car il appréciera de les utiliser en alternance, en fonction de la météo ou de la saison.

1

Son petit quart d'heure de folie nocturne

À l'état sauvage, les chats chassent au crépuscule pour éviter d'être repérés par leurs proies. Si votre petit félin s'anime dès que vous éteignez la lumière, c'est parce que pour lui, l'heure de la chasse est enfin arrivée.

L'entraînement à la chasse
Si minou s'amuse à courir dans tous les sens, c'est parce qu'il s'entraîne à chasser. S'il cohabite avec un congénère ami, il y a fort à parier que les deux chats jouent au chat et à la souris en inversant les rôles de temps en temps.

2

Précaution à prendre avec le climatiseur

En été, la plupart des chats n'aiment pas être au contact direct avec l'air conditionné. Si minou dort dans une chambre climatisée, il est conseillé de laisser la porte ouverte pour qu'au réveil, il puisse la quitter librement.

Déplacements au gré de son humeur
Les chats d'intérieur ne dorment pas toute la journée au même endroit : ils se déplacent d'une pièce à l'autre, pour changer d'endroit où dormir.

3

Ronflements et risque de tumeur maligne

Il n'y a rien d'anormal à ce qu'un chat ronfle. Mais si le ronflement devient trop fort, on peut suspecter la présence d'une tumeur maligne dans le nez.

La position du chat qui dort
Il n'y a aucune position dangereuse en soi. Mais si votre petit moustachu dort dans une position inhabituelle, peut-être qu'il a mal à une articulation. Si cela perdure, il faut s'en inquiéter.

PENSE-BÉBÊTE

1

À CHACUN SON CHAT

Il convient d'abord de décider du sexe et de la race du chat que vous souhaitez accueillir chez vous. Pour cela, il faut prendre en compte le caractère (page 107) et les éventuelles maladies (page 150) généralement attribués à chaque race. Ce choix est important pour trouver LE chat idéal pour votre famille. Vous vous rendrez ensuite dans un refuge, une association de protection animale, une animalerie ou chez un éleveur.

Dans un refuge ou une association, vous aurez un très large choix d'individus : des chatons, des chats adultes, des chats de race, des chats de gouttière, etc. Certains d'entre eux auront déjà passé un examen médical et vous saurez à quoi vous en tenir ; tandis que d'autres présenteront un état de santé plus aléatoire.

Les éleveurs proposent des chats de race bien spécifiques. Si vous savez déjà quelle race vous voulez, il faut donc aller chez un éleveur. Mais sachez que certaines races sont plus sujettes que d'autres aux maladies. Il ne faut pas hésiter à demander à l'éleveur si le chat qu'il vous propose est porteur de maladies génétiques. Vous pourrez ensuite demander confirmation à votre vétérinaire.

Dans les animaleries, vous trouverez des chatons qui sont nés et ont grandi chez des éleveurs. Comme les chatons proviennent de plusieurs élevages, vous pouvez comparer les différentes races présentées.

Vous pouvez également adopter un chat errant ou un chat cédé par vos connaissances. Bref, il y a mille et une façons de rencontrer celui qui fera votre bonheur. Mais n'oubliez jamais que sa santé et son caractère dépendront forcément de votre façon de vous en occuper. Bien le nourrir et lui aménager un cadre de vie adapté ; voilà les clés pour bâtir une relation durable et harmonieuse.

CHAPITRE 2

DÉCRYPTER LE LANGAGE CORPOREL DU CHAT

INTERPRÉTER SES MIAULEMENTS

Le répertoire vocal du chat comprendrait une vingtaine de sons.
Essayons de les déchiffrer.

COMPRENDRE LES MIAULEMENTS DU CHAT GRÂCE AU CONTEXTE

Les chatons miaulent pour signaler leur présence à leur mère ou pour appeler cette dernière à la rescousse. Quant aux chats des rues, ils miaulent pour mettre en garde leurs adversaires ou lors des périodes d'accouplement. Les chats domestiques, eux, se servent principalement du miaulement pour communiquer et ainsi exprimer leurs sentiments.

Pour bien comprendre les états d'âme de votre chat, il faut non seulement prendre en compte ses miaulements, mais aussi ses expressions faciales (page 42) et mimiques. Vous serez surpris de constater à quel point minou peut être démonstratif.

MIAULEMENTS ET SENTIMENTS

Fréquence	Miaulement	Traduction	Explication
Très fréquent	**Myaaa** 	**« Fais-moi… jouer »**	Le son le plus fréquemment émis par les chats a pour but d'inciter leur maître à jouer, à les câliner ou à les nourrir. Il peut aussi exprimer une frustration.
	Rooo 	**« Je me sens bien. »**	Le ronron est l'expression du bien-être par excellence. Comme les chatons ronronnent presque dès leur naissance, on suppose que ce son est au cœur de la communication entre la chatte et ses petits. Mais on connaît encore mal le mécanisme de ce son, qui provient du fond de la gorge.
Parfois	**Mya** 	**« Salut ! »**	Par ce bref miaulement, le chat répond à son maître qui vient de l'appeler ou salue un congénère qu'il connaît bien.
Rarement	**Haaa Grooo** 	**« Va-t'en ! »**	Le chat peut cracher ou pousser des grognements pour éloigner un intrus ou un congénère qu'il n'apprécie pas. L'objectif étant juste d'intimider l'autre ; votre chat en restera là si l'indésirable tourne les talons.
	Gyaaa 	**« Aïe ! »**	C'est le cri que pousse instinctivement un chat quand un humain lui écrase la queue ou qu'un congénère le mord. Si vous entendez votre chat pousser un tel cri, n'oubliez pas de vérifier qu'il n'est pas blessé.
Ça dépend des chats	**Nia nia** 	**« C'est bon ! »**	Par ces petits sons, certains chats expriment leur joie face à une gamelle bien remplie ou après la capture d'une proie.
	Kya kya kya 	**« Je l'aurai ! »**	C'est un cri d'excitation et d'amertume qu'émet le chat lorsqu'il repère au loin un insecte ou un oiseau qu'il ne peut capturer.
	Aaah ouuh 	**« Je suis un cœur à prendre ! »**	Émis par un mâle en rut ou une femelle en chaleur pour attirer d'éventuels partenaires, ce miaulement est très sonore. Des mâles rivaux peuvent aussi s'invectiver en émettant ce son.
	Fouuh 	**« Ouf ! »**	C'est un petit miaulement de soulagement que peuvent émettre certains chats après un moment d'extrême tension ou de concentration.

LES MIAULEMENTS NOCTURNES

Les miaulements nocturnes sont émis dans une tonalité encore plus grave que les sons émis lors des parades nuptiales. Il faut en rechercher la cause et y remédier rapidement.

MIAULEMENTS NOCTURNES ET MALADIES

Si un chat âgé de 13 ans ou plus se met à miauler la nuit*, il faut l'emmener chez le vétérinaire car il est probablement malade.

Les miaulements nocturnes étant particulièrement bruyants, ils peuvent non seulement gêner les propriétaires du chat, mais aussi tout le voisinage.

Il arrive aussi que de jeunes chats miaulent la nuit, mais il ne faut pas s'en inquiéter. Ils veulent juste évacuer leur trop-plein d'énergie ou exprimer une quelconque demande.

**Il se pourrait aussi que votre chat miaule fort le jour, mais que cela soit passé inaperçu à cause des bruits environnants ou parce qu'il n'y avait personne à la maison.*

1

Les caractéristiques du miaulement nocturne

Il s'agit de miaulements graves, monotones et particulièrement sonores que le chat semble émettre sans but précis. Ces miaulements devraient vous alerter sur son état de santé.

Comme un loup
Il n'y a pas de définition précise du « miaulement nocturne », mais on constate souvent que le chat miaule en regardant un point fixe. D'ailleurs, son cri fait un peu penser au hurlement nocturne du loup.

2

Pas de miaulement nocturne chez les jeunes chats

Il arrive qu'un jeune chat miaule la nuit mais cela peut être pour inciter son maître à jouer (page 38). En revanche, le miaulement nocturne doit être pris au sérieux pour les chats âgés de 13 ans ou plus.

Combien de temps ça dure ?
Comme le miaulement nocturne n'a pas de but précis, aucun élément particulier ne le déclenche ni ne l'arrête.

3

Traiter le mal à la racine

Si la maladie dont souffre minou est détectée et bien traitée, le miaulement nocturne devrait disparaître. Mais il existe aussi des maux incurables comme les maladies neurodégénératives... Dans ce cas, votre vétérinaire pourra prescrire des anxiolytiques ou des somnifères à votre chat, pour atténuer son mal-être.

Informations à transmettre à votre vétérinaire
Vous faciliterez la tâche de votre vétérinaire si vous notez la fréquence des miaulements nocturnes de minou. Si vous avez une vidéo de votre chat en train de faire ses vocalises la nuit, c'est encore mieux.

LA GESTUELLE DU CHAT

ANALYSER SES EXPRESSIONS

Le chat possède une large palette d'expressions, allant de l'affection au défi. Si minou cligne lentement des yeux en vous regardant, c'est qu'il vous témoigne son attachement.

UN ANIMAL TRÈS EXPRESSIF MAIS PAS SOURIANT

Le chat n'éprouve aucun besoin de manifester sa bienveillance à l'égard de ses congénères, ni d'afficher l'équivalant d'un sourire, car c'est un animal naturellement solitaire. En revanche, il peut lui arriver de se montrer menaçant pour éloigner un intrus.

Ce que l'on pourrait confondre avec un sourire, c'est cette fameuse grimace qu'on appelle « réaction de flehmen* » grâce à laquelle le chat analyse les phéromones environnantes.

Cela n'empêche pas des chats « amis » de se témoigner leur confiance mutuelle par des attitudes ou des mimiques.

*Le chat retrousse sa lèvre supérieure et inspire l'air par la bouche pour renifler, par exemple, l'odeur de la cataire ou l'anus d'un autre chat.

1

Les différentes expressions faciales du chat

À première vue, le chat est un animal inexpressif. Mais, à bien y regarder, notre petit félin exprime mille et un sentiments grâce à son regard et ses oreilles.

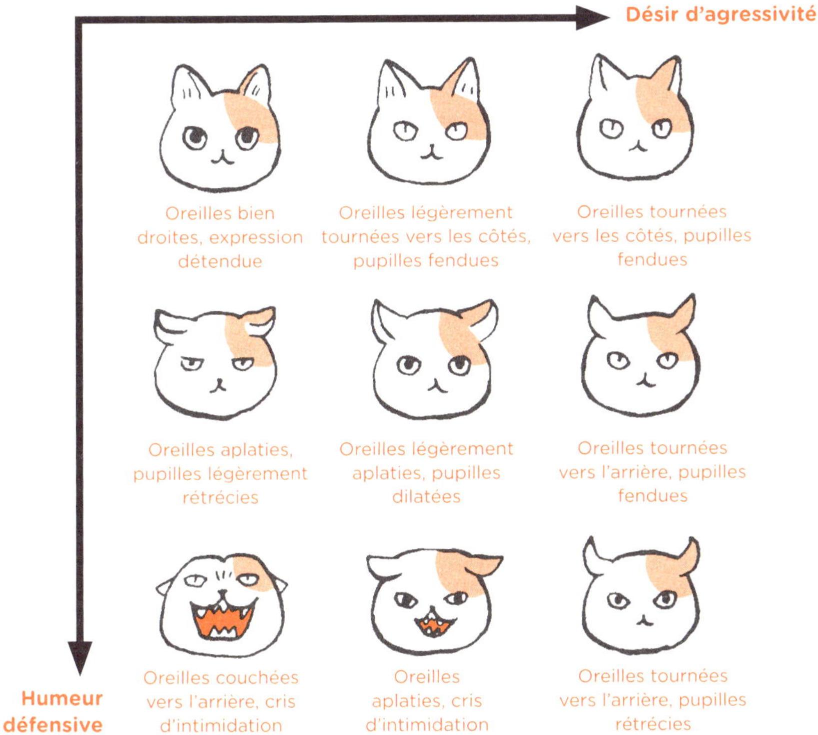

2

Comprendre son humeur grâce à ses oreilles et ses vibrisses

Les oreilles d'un chat détendu sont toujours bien droites. De même, des vibrisses bien à l'horizontale indiquent que minou est serein et en bonne santé. Mais si elles sont tombantes, votre chat est probablement de mauvaise humeur ou malade.

Les autres éléments du langage corporel
Le chat peut exprimer son affection en clignant lentement des yeux ou en léchant le visage de l'être aimé.

LA GESTUELLE DU CHAT

OBSERVER SES MIMIQUES

Les chats domestiques sont presque toujours détendus. Soyez attentif aux postures habituelles de votre chat pour pouvoir détecter la moindre anomalie en cas de maladie.

BIEN CONNAÎTRE LES MIMIQUES DES CHATS DOMESTIQUES

Les chats des rues doivent chercher de la nourriture et se protéger d'éventuels prédateurs, ce qui les oblige à être constamment sur le qui-vive.

Mais les chats domestiques, eux, sont libérés de ce genre de soucis et vivent dans un environnement sécurisé. C'est pourquoi ils adoptent très souvent des attitudes très décontractées. Cela dit, il leur arrive parfois de se montrer fébriles à cause de la maladie ou de se mettre sur leurs gardes quand des inconnus entrent dans la maison. Afin de repérer plus facilement toute attitude inhabituelle chez votre chat, il est bon de connaître les mimiques et les poses que minou affectionne en temps normal.

1

Il fait le gros dos pour impressionner l'adversaire

Pour effrayer l'adversaire, le chat va vouloir se montrer plus imposant qu'il ne l'est en réalité, en hérissant ses poils et en se présentant de profil plutôt que de face. Il se peut qu'il soit vraiment sûr de sa supériorité. Mais parfois, il se contente de bluffer…

Surtout ne pas intervenir
Quand le chat est dans cet état, il ne pense qu'à se battre. Ce n'est donc pas la peine d'essayer de le calmer. Vous devez juste attendre que la tension retombe.

Il faut veiller sur lui avec bienveillance
Comme minou est troublé, il peut vous attaquer si vous essayez de le toucher. Le mieux est de le laisser tranquille.

2

Il se fait tout petit quand il a peur

Quand un chat est effrayé par un grand bruit ou la présence d'un inconnu, il essaie de se recroqueviller, la queue entre les jambes. C'est sa façon de montrer à l'éventuel ennemi qu'il n'éprouve aucune hostilité à son encontre. Mais si minou se sent acculé, il peut aussi passer à l'attaque.

Ne pas déranger un chat qui se prélasse
Quand un chat est dans ces positions, c'est qu'il a sûrement sommeil. Il est donc préférable de le laisser tranquille.

3

Ses positions favorites pour se relaxer

Il n'est vraiment apaisé que lorsqu'il se met en boule, s'allonge sur le dos, ou dort sur le côté en allongeant ses pattes (page 66).

LA GESTUELLE DU CHAT

ÉTIREMENTS ET RELAXATION

Au yoga, la « posture du chat » est une posture d'étirement. Et, effectivement, les chats adorent s'étirer. N'y voyez là aucune revendication féline : ils ne font que s'étirer, c'est tout.

LES CHATS S'ÉTIRENT POUR SE DÉTENDRE

Comme les animaux s'expriment essentiellement par le langage corporel, les humains tendent à analyser le moindre geste de leur compagnon à quatre pattes. En réalité, les chats ne s'étirent pas pour nous transmettre une quelconque volonté, mais juste pour se dégourdir les pattes. Cela dit, on ne peut que ressentir de l'empathie pour nos petits félins en sachant qu'ils éprouvent la même sensation de bien-être que nous lorsque nous faisons ce geste.

1

Améliorer la circulation sanguine

Si le chat reste figé pendant trop longtemps, son corps risque de s'engourdir et sa circulation sanguine de ralentir. L'étirement lui permet donc de se dégourdir les pattes et de redynamiser son flux sanguin.

Pas de risque d'escarre
Même si minou reste immobile pendant de longues heures, il ne risque pas de contracter des escarres grâce à son poids plume.

2

Un bon moyen de se « changer les idées »

Les chats s'étirent quand ils sont las de jouer ou viennent de se réveiller ; bref, quand ils ont envie de passer à une autre activité. En cela, on peut dire qu'ils nous ressemblent…

Un peu de stretching
L'étirement peut servir d'exercice de stretching avant d'entamer une séance de jeu.

3

Étirements et arthrose

Si minou ne s'étire plus comme d'habitude, il a peut-être mal aux articulations. L'arthrose touchant surtout les chats seniors, il convient de bien surveiller la fréquence des étirements de votre chat s'il commence à être âgé.

Douleur à la patte
Si minou adopte une démarche étrange, il est fort possible qu'il essaie de protéger une articulation douloureuse. Dans ce cas, il faut le filmer avant de l'emmener chez le vétérinaire. L'explication en sera grandement facilitée.

RONRONS ET DEMANDE DE CÂLINS

Les chats adultes adorent retourner en enfance et demander des câlins à leur maître en ronronnant. Sachons répondre à leur besoin d'affection.

LE RONRONNEMENT ET SES MYSTÈRES

En général, les chats ronronnent quand ils sont de bonne humeur ou ont envie de se faire cajoler.
Comme les chatons ronronnent en tétant leur mère, on pense que cette vocalisation particulière est un moyen d'exprimer un sentiment global de plénitude. Mais il arrive parfois que les chats ronronnent lorsqu'ils vont mal, même si les sons émis alors sont légèrement différents des ronrons habituels. C'est dire si la vraie signification du ronronnement est encore un mystère.

Son mécanisme est aussi une énigme, même si certains avancent que le ronronnement est provoqué par les vibrations du diaphragme. Quoi qu'il en soit, c'est toujours un grand plaisir pour les propriétaires de chat d'entendre leurs protégés émettre ces sons si apaisants et mélodieux.

1

Les ronrons et la tétée

Presque dès leur naissance, les chatons se mettent à ronronner en tétant leur mère. Sans doute est-ce leur façon d'exprimer un bien-être...

Les ronrons et la montée de lait

On dit aussi que les ronrons des petits favorisent la montée de lait de leur mère...

2

L'heure des câlins

En général, les chats ronronnent quand ils reçoivent des câlins. Mais la fréquence et l'intensité des ronrons varient d'un chat à l'autre.

Minou veut des câlins

Si votre chat se met à ronronner sur vos genoux, il est d'humeur câline. Essayez alors de ne pas trop bouger et ne soyez pas avare en papouilles.

3

Les ronrons chez le vétérinaire

Les chats les plus décontractés sont capables de ronronner même quand ils sont chez le vétérinaire. Mais, en général, ceux qui ronronnent en consultation le font parce qu'ils souffrent. Dans ce cas, les sons qu'ils émettent sont différents des ronrons habituels.

Un moyen de guérison ?

On dit que les chats blessés ronronnent pour que les vibrations renforcent leurs os et accélèrent le processus de guérison.

FROTTEMENTS ET APPROPRIATION

À l'aide de sa tête et de sa queue, minou laisse partout son odeur pour marquer son territoire et se rassurer.

SALUTATION ET MARQUAGE DE TERRITOIRE

Le chat possède des glandes odorifères au niveau de la tête et à la base de la queue*. Il dépose ainsi son odeur sur ses congénères, quand ils se saluent d'un frottement de tête. Il aimerait sans doute faire de même avec son maître, mais la tête de ce dernier étant hors de sa portée, minou se contente de se frotter contre les bras et les jambes de l'humain qui partage sa vie.

Le dépôt d'odeur est également utilisé par le chat pour marquer son territoire. C'est ce qui explique sa manie d'enrouler sa queue autour de tous les meubles qui lui sont familiers.

**Les glandes odorifères se trouvent sur le front, sous le menton, autour de la bouche et à la base des oreilles et de la queue du chat.*

1

Salutation et frottements de tête

Comme la plupart des glandes odorifères sont situées sur la tête, les chats amis se saluent en se frottant la tête et en s'imprégnant mutuellement de l'odeur de l'autre. Avec les humains aussi, les chats utilisent la tête pour transférer leur odeur.

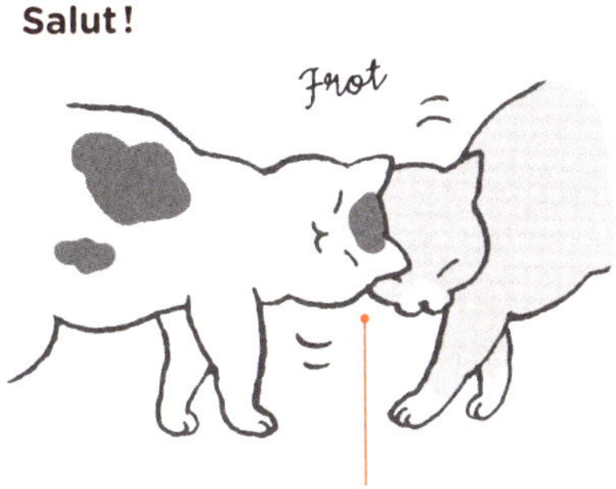

Appropriation et signe d'amitié
En se frottant contre vous, votre chat vous a marqué olfactivement. Vous êtes désormais « sa chose », un être familier et rassurant.

2

Frottements renouvelés constamment

Comme les odeurs sont plus volatiles que l'urine, le marquage olfactif doit être sans cesse renouvelé.

Encore et encore
On constate chez certains propriétaires de chats, des meubles ou des poteaux complètement polis par les frottements incessants de leurs petits compagnons…

3

Un moyen de s'affirmer

Lorsque plusieurs chats cohabitent, les mâles ressentent plus que les femelles le besoin de marquer leur territoire, et donc de se frotter partout. Cela peut s'avérer cauchemardesque en cas de mésentente entre les chats.

Un moyen de s'affirmer ?
Lorsque plusieurs chats cohabitent, les mâles ressentent plus que les femelles le besoin de marquer leur territoire, et donc de se frotter partout. Cela peut s'avérer cauchemardesque en cas de mésentente entre les chats.

FEULEMENT ET INTIMIDATION

Si votre chat feule trop souvent, il est probablement stressé par son environnement.

UN CRI PRÉVENTIF QUI PERMET D'ÉVITER LES BAGARRES

Ce cri tranchant sert à intimider un adversaire, qu'il s'agisse d'un congénère, d'un humain, d'un chien ou même d'un objet inanimé considéré comme « suspect » par minou. Le feulement est souvent perçu comme un cri agressif mais, en réalité, son rôle est d'éloigner un adversaire et ainsi d'éviter toute situation conflictuelle. Si l'intrus tourne les talons, minou s'en satisfera car il n'aura même pas à se battre.

Mais si votre chat feule trop souvent, c'est qu'il est stressé. Il faut donc repenser son environnement pour lui assurer un petit nid bien douillet.

La peur de l'inconnu
Minou peut considérer comme « ennemi » toute personne ou tout animal entrant dans votre foyer, c'est-à-dire son territoire, et lui cracher dessus. Par ailleurs, la peur peut aussi le pousser à feuler lorsqu'il se trouve dans un lieu inconnu, comme le cabinet du vétérinaire.

1
Un cri défensif plutôt qu'agressif

En « crachant » sur l'intrus, le chat lui intime l'ordre de ne pas entrer davantage sur son territoire.

2
Plus il est craintif, plus il feule

Un chat qui feule trop souvent est un chat stressé. Afin d'apaiser son anxiété, vous pouvez par exemple lui aménager un petit coin où il se sentira en sécurité, même si vous recevez de la visite.

Inutile d'essayer de le calmer
Quand le chat feule, il est paré au combat. Ne vous avisez pas de l'approcher car vous risqueriez de recevoir quelques coups de griffes.

L'issue de ces luttes de territoire
Quand deux chats se crachent dessus et qu'aucun ne se laisse intimider, une bagarre éclate, à l'issue de laquelle le perdant est banni du territoire en question. Il doit alors trouver un autre territoire, s'il ne veut pas mourir de faim.

3
Chats des rues et territoires

Il n'est donc pas rare que des bagarres éclatent sur la ligne de démarcation entre deux territoires. Les jeunes chats mâles sont souvent à l'origine de ces accrochages, qui interviennent quand ils essayent de s'approprier les territoires et les femelles.

LES MOUVEMENTS DE LA QUEUE

Les mouvements de la queue en disent long sur l'humeur du chat. Si minou s'approche de vous avec la queue bien tendue à la verticale, c'est qu'il veut des câlins.

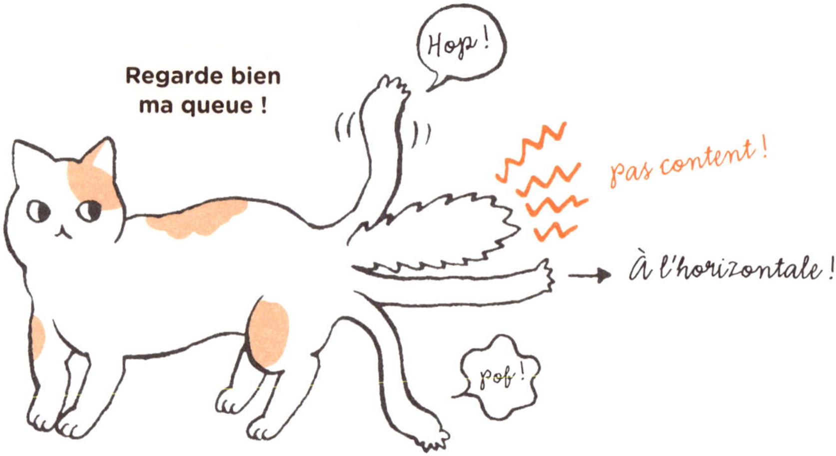

DÉCRYPTAGE DE LA QUEUE DU CHAT

En observant les mouvements de la queue de minou, on peut lire en lui comme dans un livre ouvert. En effet, en allongeant sa queue, en la recroquevillant, en la faisant osciller ou en l'ébouriffant, votre chat exprime mille et une émotions, un peu comme les félins sauvages. D'ailleurs, tout laisse à penser que ce moyen d'expression vient de leurs lointains ancêtres communs.

La queue des chiens aussi exprime leurs états d'âme. Mais attention ! un même mouvement de queue peut avoir des significations diamétralement opposées chez le chien et chez le chat.

La queue et l'humeur du chat

Constituée de 18 à 19 os et de 12 muscles, la queue du chat peut être mue par des mouvements très subtils traduisant des sentiments tout aussi délicats.

Amical, satisfait	Content	Narquois	En colère
 Avec sa queue dressée verticalement, le chat vous salue.	 La queue est légèrement tremblante.	 La queue est verticale mais elle oscille de droite à gauche.	 Avec sa queue hérissée, le chat veut intimider son adversaire.
Pas très confiant	**Indécis**	**Serein**	**En alerte**
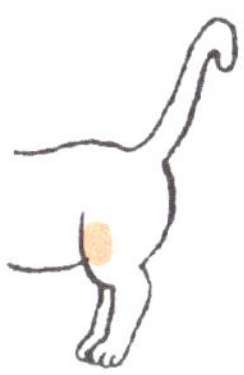 La queue est verticale, mais le bout est recroquevillé.	 Quand minou observe, sa queue est légèrement plus relevée qu'horizontale.	 Avec sa queue à l'horizontale, minou est parfaitement détendu.	 La queue est baissée et légèrement tendue.
Potentiellement agressif	**Soumis**	**En alerte ou intéressé**	**Énervé**
 La queue pend complètement et minou est paré à l'attaque.	 Minou a peur et se fait tout petit. Sa queue « cachée » indique sa soumission.	 Le bout de sa queue exécute de petits mouvements. L'attention de minou est attirée par quelque chose.	 La queue balance de droite à gauche et peut même frapper le sol.

LA GESTUELLE DU CHAT

LÉCHAGE ANTISTRESS

Le rituel du toilettage apporte du bien-être au chat. Il arrive même qu'un chat se lèche le corps pour se relaxer et chasser le stress.

LA TOILETTE DU CHAT ET SA SAISONNALITÉ

De même que les humains renouvellent leur garde-robe à chaque saison, les chats changent régulièrement de pelage à la faveur d'un renouvellement de poils.

En effet, les changements de saison sont des périodes propices à la perte et à la repousse de poils pour tous les chats, qu'ils aient des poils courts ou longs. Mais il est vrai que pour les chats domestiques, qui ne connaissent pas de grandes amplitudes thermiques suivant les saisons, ce changement de pelage n'est pas très visible et s'opère tout au long de l'année.

Même si minou sait faire sa toilette tout seul, il n'est pas inutile de lui donner quelques petits coups de brosse (page 88), car cela l'aidera non seulement à ôter ses poils morts, mais aussi à améliorer sa circulation sanguine, donc à mettre en valeur la beauté de son pelage.

1

L'entretien de base : le brossage

Comme le chat sait faire sa toilette tout seul, il vous suffira de lui donner un coup de pouce en le brossant. Utilisez un peigne démêloir et une carde pour les chats à poil long, et une étrille en caoutchouc pour les chats à poil court (page 88).

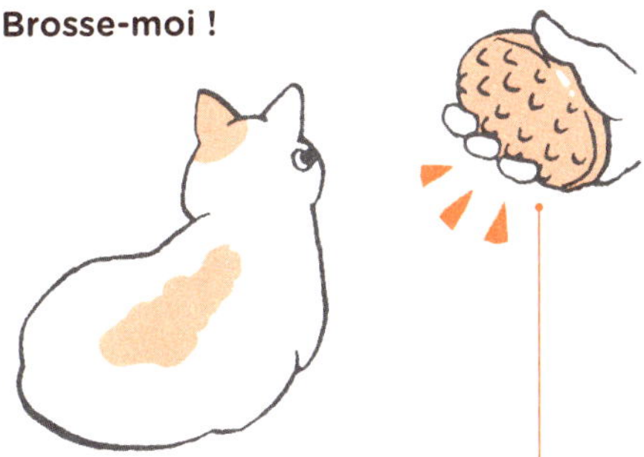

Brossage et poils morts

La première fois que vous brosserez votre chat, vous serez peut-être surpris par la quantité de poils que vous lui ôterez. Mais n'ayez pas peur ! Tous ces poils sont morts et seraient tombés tôt ou tard.

Un moment de complicité avec son chat

Puisqu'il améliore la circulation sanguine du chat, le brossage aura pour lui les mêmes effets bénéfiques qu'un massage. De plus, il vous permettra de partager un moment de complicité avec votre petit protégé.

2

Brossage quotidien pour les chats à poil long

Un brossage quotidien est indispensable aux chats à poil long pour éviter la formation de nœuds et de bourres au niveau de la fourrure, parfois sources d'infection cutanée.

3

Attention au toilettage excessif

Il arrive que le chat se lèche pour se calmer, par exemple après avoir raté un saut. Mais s'il se lèche trop souvent, votre chat est peut-être stressé et son comportement peut s'apparenter à celui d'un être humain angoissé qui se ronge les ongles.

Le sens caché du léchage compulsif

Un chat anxieux ou stressé peut se soulager momentanément en se léchant. Dans ce contexte d'inconfort émotionnel, le léchage s'apparente à une activité dite de « substitution ».

GRIFFADES INDISPENSABLES

La griffade permet au chat de se débarrasser des vieilles couches de corne pour que les griffes restent toujours bien acérées. Rétractées la plupart du temps, elles ne sortent qu'en cas de nécessité.

LA GRIFFADE DU CHAT : UN GESTE INNÉ ET INDISPENSABLE

Pour le chat, la griffade est une nécessité car il a besoin d'avoir des griffes bien acérées pour attraper ses proies. Mais elle lui permet aussi de marquer son territoire en déposant sa signature olfactive sur les objets lacérés et d'évacuer éventuellement son stress et sa frustration. Il s'agit donc d'un comportement inné chez le chat et il est impossible de le lui interdire.

Pour protéger vos meubles, il faut mettre à sa disposition un griffoir.

1

La griffade comme marquage de territoire

En faisant ses griffes sur un objet, le chat y dépose l'odeur de ses griffes et de ses pattes, et marque ainsi son territoire. Comme il veut paraître plus grand qu'il ne l'est en réalité, il va se dresser sur ses pattes arrière pour griffer en hauteur.

Une habitude observable chez les grands félins
Les félins sauvages, et en particulier les panthères, aiment aussi griffer le plus haut possible sur les arbres.

Pas de griffade avec les pattes arrière
En raison de la structure des pattes arrière, minou ne peut pas aiguiser les griffes qui s'y rattachent. Mais ces dernières n'ont pas besoin d'être acérées car elles ne lui servent pas à capturer ses proies. Elles s'usent naturellement.

2

Griffade, un mal nécessaire

C'est à vous de protéger vos meubles avec des housses et de détourner l'attention de minou en lui proposant une alternative suffisamment attrayante. Lorsque vous lui achèterez un griffoir, vous placerez dessus ses pattes avant et les frotterez doucement contre la planche pour que celle-ci s'imprègne de son odeur.

Protection des murs et des meubles
Vous pouvez protéger vos meubles et vos murs avec des planches en résine acrylique. Leur aspect lisse empêche minou d'y faire ses griffes.

3

Arthrose et griffade

Si vous constatez qu'il entretient moins souvent ses griffes ou que celles-ci sont moins acérées que d'habitude, observez attentivement sa façon de marcher ou de s'asseoir : il se pourrait qu'il souffre d'arthrose.

Les vieux chats et l'entretien des griffes
Les chats seniors ont du mal à rétracter leurs griffes et s'accrochent plus facilement aux tapis et aux rideaux, ce qui peut être dangereux pour eux. Il faut donc leur couper les griffes plus souvent.

COUPS DE PATTES ARRIÈRE ET ENTRAÎNEMENT À LA CHASSE

Prenez garde aux coups de pattes arrière de minou ! En effet, ses pattes postérieures sont très puissantes puisqu'elles permettent ses bonds vertigineux...

COUPS DE PIED ET INSTINCT DE CHASSE

Le chat est un chasseur né. Même domestiqué, il ne peut s'empêcher de courir après un objet en mouvement et de l'attraper. C'est ce même instinct qui le pousse à donner des coups de pattes arrière à une peluche ou à la main de son maître. Ce qui pour vous ressemble à un simple jeu est vécu comme un très sérieux entraînement à la chasse par minou qui, emporté par son élan, peut finir par vous mordre ou vous donner ces mêmes coups sans retenue.

1

Les pattes postérieures conçues pour donner des coups

Lorsqu'il bondit ou grimpe à un arbre, le chat se sert de ses pattes arrière comme de ressorts ; c'est dire à quel point elles sont puissantes. Quant aux pattes antérieures, elles ont pour rôle de soutenir le poids du tronc et de la tête lors de ces efforts.

En cas de faiblesse dans les pattes postérieures
Si minou n'a pas beaucoup de force dans les pattes arrière, on peut suspecter une arthrose, une anomalie touchant les nerfs, ou encore une fracture osseuse.

Pas touche à ses pattes arrière
Les chats n'aiment pas qu'on leur touche les pattes arrière (page 111). Certains ne supportent pas non plus qu'on leur touche les pattes avant.

2

La chasse, c'est du sérieux

Si minou donne des coups de pattes arrière, c'est pour s'entraîner à la chasse, donc à blesser une proie potentielle. Même s'il s'entraîne sur son maître, il n'a aucune raison de le ménager.

3

Une peluche pour punching-ball

Si votre chat vous fait mal avec ses pattes arrière lors d'une séance de jeu, abandonnez la partie et faites-vous remplacer par une peluche. Mais surtout, ne le grondez pas, car minou ne fait qu'obéir à ses instincts. En lui permettant de s'attaquer à la peluche sans retenue, vous l'aiderez à évacuer toute frustration.

Pattes avant et pattes arrière
Le poids du corps est supporté par les pattes avant, mais les pattes arrière sont beaucoup plus puissantes.

MORDILLAGES ET INSTINCT DE CHASSE

Au cours d'une séance de jeu, votre chat peut confondre votre doigt avec un jouet et vous mordre. Pour lui apprendre à faire attention, éloignez-vous de minou.

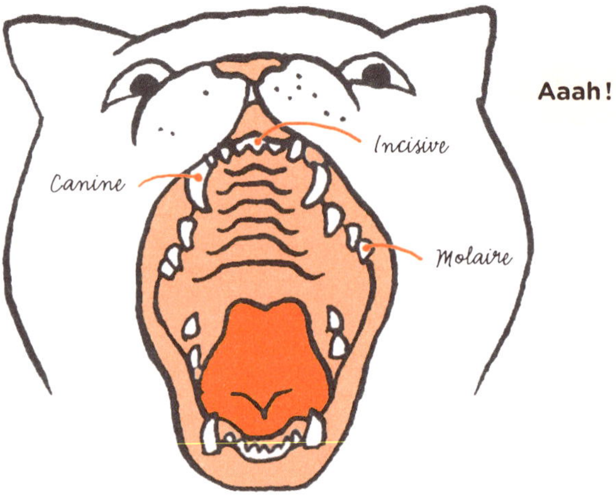

UNE DENTITION TYPIQUE D'ANIMAL CARNIVORE

Vers l'âge de quatre mois, le chaton commence à perdre ses dents de lait, qui mettront deux à trois mois pour être remplacées.

À l'état sauvage, le chat plante ses puissantes canines dans sa proie, puis détache la chair des os avec ses incisives, avant de découper la viande en morceaux grâce à ses molaires. Il n'a pas besoin de mâcher sa nourriture car la viande, son aliment principal, est très digeste*. À propos, il est à noter que les croquettes sont conçues pour être avalées telles quelles donc, même si votre chat perd toutes ses dents, il peut continuer à en manger**.

**Les chats étant de purs carnivores, les protéines sont indispensables à leur alimentation.*

***L'accumulation de plaque dentaire peut conduire à la formation de tartre, à travers lequel des bactéries peuvent s'infiltrer, d'où l'importance d'une bonne hygiène bucco-dentaire.*

1

Mordillages chez les chatons

Les chatons mordent tout ce qu'ils trouvent pour s'entraîner à la chasse. Par manque d'expérience, ils peuvent parfois mordre très fort. Les chatons d'une même portée commencent à se chamailler à un mois et demi. Ils apprendront petit à petit à modérer leur morsure à force de se faire réprimander par leurs frères et sœurs quand ils mordent trop fort.

Morsure à la cheville

N'avez-vous jamais été mordu à la cheville par un chat alors que vous étiez en train de marcher ? À hauteur de chat, votre cheville ressemble à une proie en mouvement et minou n'a pas pu s'empêcher de sauter dessus...

L'éducation d'un chaton

Il ne faut surtout pas gronder un chaton mordeur. Mais il n'est pas question non plus de le laisser prendre de mauvaises habitudes. Donc, s'il vous mord, éloignez-vous de lui pour qu'il comprenne que ce geste entraîne immédiatement l'arrêt du jeu ou des câlins.

2

Morsure et éducation

Si votre chaton vous mord, ignorez-le. À force de vous voir sans réaction, il finira par se lasser de vous mordre. Quand vous jouez avec lui, utilisez par exemple un plumeau pour chat pour éviter d'être mordu par inadvertance.

3

Les raisons de la morsure

Il est également important de connaître les raisons qui poussent minou à vous mordre en dehors d'un simple entraînement à la chasse. Une fois la raison connue, vous pourrez agir.

Rechercher la raison

Il se pourrait que votre chat soit stressé ou ressente une douleur. Il peut aussi ne pas supporter qu'on touche à une partie de son corps, comme les pattes ou les griffes. Seule une observation quotidienne vous donnera les clés pour comprendre son comportement.

LA GESTUELLE DU CHAT

MARQUAGE DE TERRITOIRE

Les chats étant des animaux solitaires, chaque individu a besoin de marquer clairement son territoire pour que les autres ne viennent pas empiéter sur son espace vital. Le marquage est donc un comportement naturel.

LES TROIS FAÇONS DE MARQUER SON TERRITOIRE

Le chat marque son territoire en laissant l'odeur de son corps ou de son urine à des endroits stratégiques.

Le marquage le plus impressionnant est le jet d'urine, pratiqué essentiellement par les mâles non castrés. L'objectif étant de revendiquer haut et fort la propriété des lieux, l'urine émise alors sent beaucoup plus fort que l'urine normale et est répandue sur une surface plus large. La castration est un bon moyen de supprimer complètement ou partiellement ce comportement gênant.

Les deux autres façons de marquer le territoire sont les griffades (page 58) et le frottement (page 50). Dans les deux cas, minou dépose son odeur en frottant ses griffes ou sa tête contre des objets présents sur son territoire.

1

Le marquage en hauteur

Quel que soit le moyen utilisé pour le marquage, minou essaiera toujours de déposer son empreinte olfactive le plus haut possible, pour faire croire à ses congénères qu'il est plus grand qu'il ne l'est en réalité.

Jet d'urine et odeur
Le jet d'urine réalisé par le mâle pour marquer son territoire sent tellement fort que même l'odorat médiocre d'un être humain peut le distinguer d'une urine normale.

Et vlan !

L'efficacité du jet d'urine
S'il n'est pas castré, minou réitérera donc son marquage quotidiennement.

Hé hé...

2

Différence entre mâles et femelles

Les femelles sont en général moins territoriales que les mâles : tant qu'elles ont suffisamment de nourriture, elles ne cherchent pas à défendre leur territoire coûte que coûte. Il n'en va pas de même pour les mâles, qui ont besoin de s'approprier le plus de femelles possible, d'où leur marquage urinaire plus insistant et plus impressionnant.

3

La castration pour supprimer le marquage urinaire

Le jeune mâle est prêt à subir une opération de castration à six mois, quand son poids atteint 2,5 kg. S'il a déjà pris la mauvaise habitude du marquage urinaire, la castration pourra ne pas avoir d'effet sur ce comportement. Les femelles sont très peu concernées par le marquage urinaire, donc la stérilisation n'y changera rien.

Il ne faut pas le gronder
Le marquage urinaire étant un comportement inné chez le chat, cela ne sert à rien de gronder minou. La seule solution est la castration.

COMPRENDRE SON DEGRÉ DE RELAXATION PAR LA POSITION DE SON CORPS

Le chat exprime son humeur par sa façon de se prélasser. Par exemple, s'il se met sur le dos et vous montre son ventre, c'est qu'il veut des câlins...

LES MILLE ET UNE FAÇONS DE S'ASSEOIR

On peut apprécier le degré de relaxation d'un chat par sa façon de s'asseoir.

À l'état sauvage, les chats sont constamment aux aguets car un prédateur peut surgir à tout moment. Voilà pourquoi ils adoptent toujours des positions qui leur permettent de prendre la fuite immédiatement.

Mais les chats domestiques, eux, sont à l'abri de tout danger extérieur et démontrent souvent une grande décontraction en se mettant sur le dos ou en s'asseyant avec les pattes en rond.

Certains chats font parfois preuve d'une grande originalité dans ce domaine.

Si votre chat se met soudain à adopter une posture inhabituelle, c'est peut-être qu'il a mal aux articulations...

1

La position assise avec les pattes antérieures en avant

En allongeant les pattes avant, le chat peut se relever et s'enfuir à tout moment. Si vous voyez votre chat dans cette position, c'est qu'il n'est pas totalement détendu.

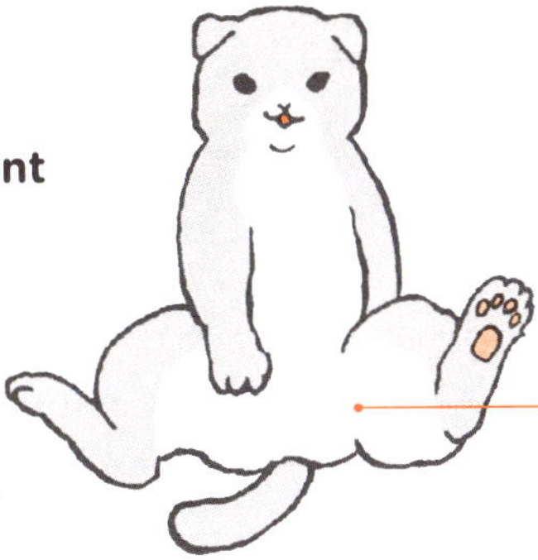

La pose typique du scottish fold
Les scottish fold s'asseyent souvent avec les pattes postérieures allongées. En réalité, cette pose est due à un problème de cartilage spécifique à cette race qui empêche ses représentants de replier les pattes arrière.

2

Les positions de la relaxation totale

Lorsqu'un chat dort sur le dos et qu'il a le ventre à l'air, ou lorsqu'il est assis avec les pattes en rond, il est complètement détendu.

La preuve ultime de sa décontraction
Pour un chat, le ventre est la partie du corps la plus vulnérable. Mais s'il vous le montre, c'est que minou a une confiance absolue en vous...

Je suis détendu...

3

Les chats seniors et les problèmes d'articulation

Si votre vieux chat ne dort plus dans la même position qu'avant, c'est peut-être qu'il a du mal à plier les coudes, les genoux ou les articulations de l'aine.

L'arthrose, un problème très fréquent chez les chats seniors
Près de 70 % des chats de plus de 12 ans seraient atteints d'arthrose. Si vous percevez certains symptômes chez votre chat, il faut en parler à votre vétérinaire qui pourra prendre des mesures pour atténuer les douleurs.

LE COMPORTEMENT DU CHAT

DEVINER SON HUMEUR PAR SA FAÇON DE MARCHER

La démarche du chat est révélatrice de son humeur.

AMUSONS-NOUS À DÉCRYPTER SON ÉTAT D'ÂME EN LE REGARDANT MARCHER

Si votre chat semble trotter, le nez en l'air et la queue à la verticale, c'est qu'il est de très bonne humeur. Si au contraire, il marche en donnant l'impression de traîner les pattes, il est peut-être en méforme...

Pour pouvoir déceler au plus vite la moindre anomalie dans sa démarche, il faut déjà bien connaître sa démarche « standard », c'est-à-dire celle que minou adopte habituellement.

À propos de démarche, savez-vous que le chat est un animal digitigrade ? Cet adjectif un peu savant signifie qu'il marche en reposant uniquement ses doigts au sol. C'est aussi le cas des chiens...

1

Le chat se déplace en rasant le sol

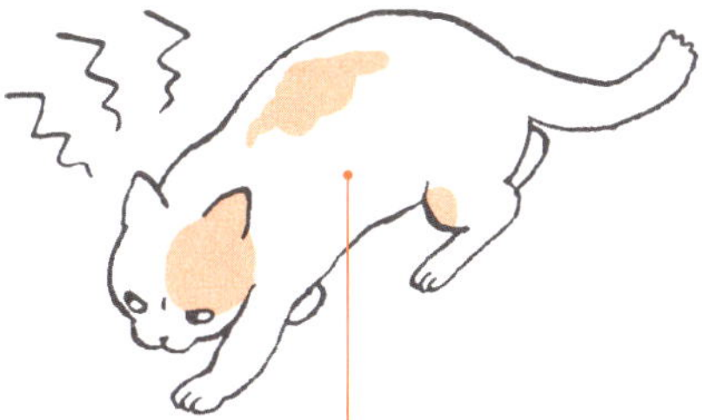

Minou adopte cette démarche quand il est sur ses gardes ou qu'il a repéré une proie. Dans ce dernier cas, il s'aplatit presque au sol pour pouvoir fondre sur sa proie le moment venu.

Pourquoi remue-t-il le postérieur ?
Il arrive que le chat remue le derrière en guettant une proie. Ce petit mouvement trahit en fait l'impatience de minou qui voudrait sauter sur sa proie mais doit attendre le bon moment pour ne pas rater la capture.

2

Une démarche anormale peut révéler une douleur

Un chat en bonne santé doit utiliser ses quatre appuis de manière égale. Si minou traîne une patte ou refuse de poser une patte au sol, c'est qu'il a mal.

Autres signes de douleur
Si un chat marche en donnant l'impression de protéger une patte, c'est qu'il a mal. En général, il refusera qu'on y touche. Dans ce cas, il faut l'emmener chez le vétérinaire.

3

Minou marche sur les talons en baissant la tête

Si votre chat se déplace dans cette posture « basse » alors qu'il n'est ni sur ses gardes ni en train de chasser, il est sans doute malade.

Risque de diabète
Si votre chat marche sur les talons, il souffre peut-être de diabète. Les talons de ses pattes arrière sont situés là où les os font saillie.

SA MANIE DE SE RÉFUGIER EN HAUTEUR

Le chat se sent naturellement bien en hauteur. Mais faites attention à ce qu'il ne tombe pas de son petit nid d'aigle.

L'AMOUR DES LIEUX HAUT PERCHÉS EST INSCRIT DANS LES GÈNES DU CHAT

À l'état sauvage, les chats aiment être juchés en hauteur car ils repèrent plus facilement leurs proies et se sentent à l'abri de leurs prédateurs.

Visiblement, ce sentiment de bien-être lié à l'altitude a été transmis aux chats domestiques puisqu'il n'est pas rare de voir ces derniers se battre pour accaparer la place la plus élevée sur un arbre à chat par exemple. C'est évidemment le plus fort qui gagne, mais pas forcément celui qui est au sommet de la hiérarchie du groupe...

Lorsque vous confectionnez un arbre à chat, ne soyez pas trop ambitieux et adaptez la hauteur du meuble aux capacités physiques de votre petit protégé.

1

Organe vestibulaire et réflexe de redressement

Situé dans l'oreille interne du chat, cet organe permet à l'animal de déterminer le haut du bas lorsqu'il est déséquilibré, puis de se retourner pour faire face au sol. Voilà un don extraordinaire que minou a hérité de ses lointains ancêtres qui vivaient dans les arbres. C'est aussi grâce à cette aptitude que le chat peut faire des bonds de 2 mètres à 2,5 mètres.

Des coussinets indispensables pour l'atterrissage
Les coussinets, que nous aimons tellement malaxer, sont en fait très utiles pour atténuer le choc lors de l'atterrissage.

Comment détecter une fracture ?
Si votre chat miaule de façon anormale ou éprouve des difficultés à se déplacer, il s'est peut-être fracturé un membre…

2

Petite chute et risque de blessure

Tomber du haut d'un canapé paraît sans danger, mais détrompez-vous ! Lorsque minou chute d'une très faible hauteur, il n'a pas le temps de se redresser et risque donc une fracture…

3

Attention à la chute du balcon !

Même si votre chat ne sort pas de chez vous, il a peut-être accès au balcon. Dans ce cas, il faut faire très attention au risque de chute qui peut lui être fatal en raison de la vitesse engrangée, surtout si vous habitez au quatrième ou au cinquième étage. Mais, au-delà du sixième étage, le taux de mortalité diminue car la chute du corps a tendance à ralentir. Mais quel que soit l'étage, le danger est toujours bien réel.

Sécuriser son balcon
Mais si vous voulez quand même lui faire prendre l'air, alors il faudra installer un grillage solide entre les barreaux de la rambarde.

LE COMPORTEMENT DU CHAT

SON AMOUR POUR LES ENDROITS CONFINÉS

Il est indispensable d'aménager une petite cachette où minou puisse se sentir à l'aise. Mais s'il refuse d'en sortir, c'est peut-être qu'il est malade…

PLUS C'EST ÉTROIT, MIEUX C'EST

Les chats adorent se cacher dans des endroits étroits, comme l'espace entre deux meubles ou les tiroirs d'une commode. Cette attirance particulière leur vient de leurs ancêtres sauvages, qui aimaient se prélasser à l'abri de leurs prédateurs en se faisant tout petits. Si en plus le recoin en question se trouve en hauteur, minou est aux anges !

Même si votre chat ne sort jamais et qu'il n'est exposé à aucun danger, c'est important pour lui de pouvoir accéder à des cachettes où il pourra dormir tranquillement et se réfugier quand son maître recevra de la visite.

1

Préparer un petit abri rien que pour minou

Votre chat peut très bien dénicher tout seul un petit coin douillet, mais vous pouvez lui donner un coup de pouce en installant, par exemple, son coussin favori dans un recoin en hauteur.

Tunnels de jeu et cartons vides

On trouve dans le commerce quantité d'accessoires qui recréent la sensation d'être dans un antre. Mais une simple boîte en carton fermée à moitié peut parfaitement faire l'affaire.

2

Un chat qui se cache est un chat curieux

Les chats ne se cachent pas uniquement pour être tranquilles ou parce qu'ils ont peur. Certains le font juste par curiosité, pour explorer le moindre recoin de l'endroit où ils vivent.

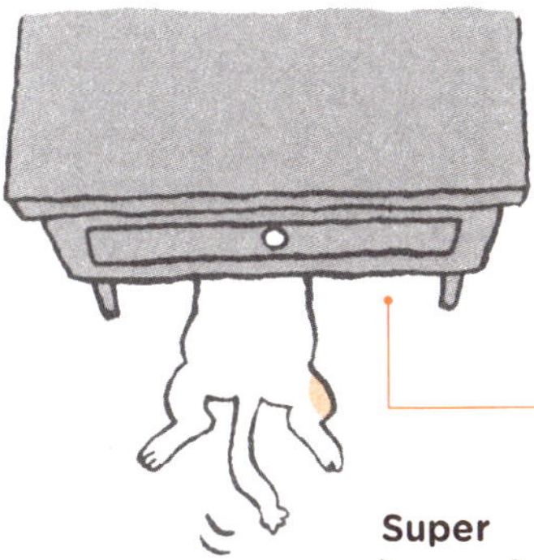

Un instinct inné

Cet amour inconditionnel pour les endroits étroits et difficiles d'accès est un héritage des chats sauvages qui aimaient être à couvert des grands prédateurs.

3

Un chat qui s'isole trop longtemps est un chat malade

Si minou reste cloîtré dans sa cachette et refuse de se nourrir ou de répondre à votre appel, c'est qu'il est malade. Il faut donc l'emmener chez le vétérinaire au plus vite.

Maladie ou simple bouderie ?

Il se peut aussi que minou refuse de sortir de sa cachette parce qu'il boude. Il est utile de bien connaître le caractère de son chat pour ne pas s'alarmer inutilement.

LE COMPORTEMENT DU CHAT

POURQUOI MON CHAT VOMIT-IL ?

Il faut prendre l'habitude de bien noter la fréquence à laquelle votre chat vomit pour ne pas passer à côté d'éventuels signes cliniques.

BIEN OBSERVER LE CONTENU REJETÉ

Contrairement aux humains, les chats vomissent même quand ils sont en bonne santé. C'est surtout vrai pour les chats à poil long, qui avalent les leurs lors du toilettage et se retrouvent avec des boules de poils dans l'estomac, qu'ils sont obligés de recracher.

Les chats qui ont tendance à manger trop vite sont aussi prédisposés à vomir. En général, ils le font tout de suite après le repas. Cela est dû au fait que le bol alimentaire gonfle anormalement dans le ventre de minou au contact du suc gastrique. Pour éviter que les chats gloutons vomissent leur repas, il faut les faire manger plus lentement.

On dit souvent qu'il est normal que les chats vomissent. Mais il faut tout de même surveiller la fréquence du vomissement. Et si elle s'accélère, il faut s'en inquiéter et emmener son chat chez le vétérinaire.

1

Les quatre signes qui doivent vous alerter

① Le chat vomit plus d'une fois par semaine
② Il a perdu du poids
③ Il a peu d'appétit
④ Il a la diarrhée

Si une au moins des assertions ci-dessus est vérifiée, il faut emmener minou en consultation.

Que vomit-il ?

Si votre chat vomit des boules de poils mais qu'il ne présente aucun des quatre symptômes décrits à gauche, c'est qu'il n'y a pas lieu de s'en inquiéter. Si vous n'êtes pas sûr que le vomi est bel et bien une boule de poils, montrez-le à votre vétérinaire.

Herbe à chat maison

La dénomination « herbe à chat » désigne en fait de jeunes pousses de céréales comme l'orge. On peut en acheter en pot dans le commerce et la cultiver à la maison.

2

De l'herbe à chat pour faciliter le vomissement

Il peut être utile de donner de l'herbe à chat aux matous qui ont du mal à régurgiter les poils ingérés lors de la toilette. En effet, cette plante stimule l'appareil digestif du chat et provoque le vomissement. Il est dangereux que des boules de poils restent bloquées dans l'intestin, mais normalement ces matières solides sont éliminées par vomissement ou défécation.

3

Les chats à poil court et le vomissement

Par rapport à leurs congénères à poil long, les chats à poil court avalent moins de poils, donc devraient moins vomir. Si toutefois ils recrachent trop de boules de poils, cela signifie qu'ils en perdent trop.

Minou n'arrive pas à vomir

Si minou essaie de vomir mais qu'il n'y arrive pas, c'est qu'il a dû avaler de travers ou qu'un corps étranger bloque son œsophage.

POURQUOI GROSSIT-IL ? POURQUOI MAIGRIT-IL ?

Les chats aussi peuvent connaître des problèmes de surpoids. Si c'est le cas de votre chat, il faut en discuter avec votre vétérinaire.

BIEN SURVEILLER SA BEDAINE

Si votre chat ne grossit que du ventre, il est sûrement malade. Emmenez-le sans tarder chez le vétérinaire.

Si son abdomen est partiellement gonflé, c'est qu'on se trouve en présence de tumeurs. Ces dernières peuvent être aussi bien bénignes que malignes (c'est-à-dire cancéreuses).

Si votre chat présente une proéminence généralisée au niveau du ventre, alors que ses pattes sont fines et son dos étroit, il est peut-être atteint de cancer ou d'ascite. Quoi qu'il en soit, il faut l'emmener en consultation au plus vite.

Pour ce qui est des femelles non stérilisées, il reste toujours la possibilité d'une grossesse...

1

Appréciation visuelle de la corpulence du chat

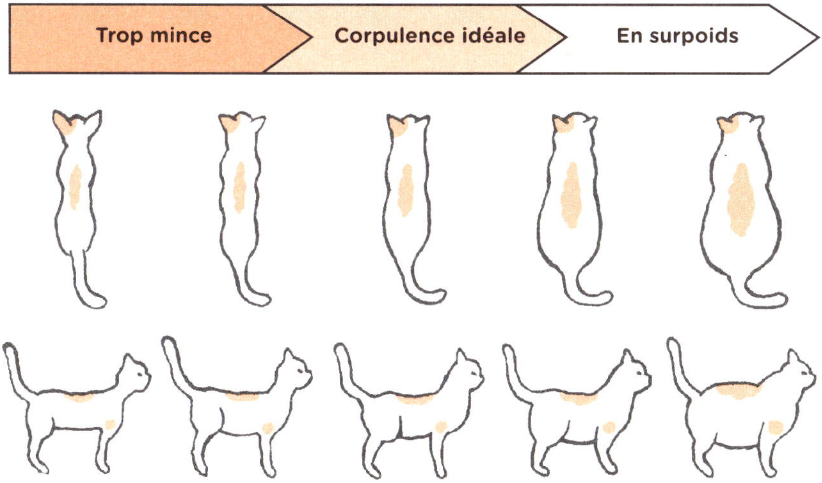

Côtes visibles, hanches anguleuses et ventre creusé. Sa ration alimentaire doit être augmentée progressivement.

Il faut palper les côtes pour pouvoir les compter car elles sont entourées par une fine couche de graisse. De profil, on peut voir que les hanches sont anguleuses et le ventre creusé.

Les côtes sont difficiles à sentir à la palpation car elles sont entourées d'une épaisse couche de graisse. Il en est de même pour les hanches, le ventre et les pattes. De profil, on voit bien que le ventre pend au lieu d'être concave.

2

Amaigrissement anormal

Si votre chat maigrit alors qu'il mange normalement, il est peut-être atteint d'une pathologie endocrinienne. Gardez toujours à l'esprit que l'amaigrissement est tout aussi inquiétant que la prise de poids. Dans tous les cas, il faut surveiller attentivement un chat qui maigrit ou grossit par zone, et non d'une façon globale comme indiqué dans les schémas ci-dessus.

Attention aux chats de plus de 8 ans

Si minou perd 5 % de son poids en un mois, il faut surveiller sa santé de près. S'il maigrit alors qu'il continue de manger normalement, il est peut-être atteint d'hyperthyroïdie, une maladie qui touche principalement les chats de plus de 8 ans. Au contraire, si le poids de votre chat augmente de 5 % en un mois, minou court le risque de se retrouver bientôt en surpoids. Il faudra alors penser à restreindre sa ration alimentaire et à lui faire faire plus d'exercice.

POURQUOI RECHERCHE-T-IL LE FRAIS ALORS QU'IL NE FAIT PAS CHAUD ?

Si votre chat recherche un endroit frais, c'est peut-être qu'il ne se sent pas bien…

LES RAISONS QUI POUSSENT LES CHATS À RECHERCHER L'AIR FRAIS

Les chats aiment les températures élevées. Tant qu'ils sont en bonne santé, ils n'ont donc aucune raison de se lancer à la recherche d'air frais.

En revanche, quand ils tombent malades, leur température corporelle baisse et passe en dessous des 38 °C habituels ; la température ambiante sera donc trop élevée à leur goût.

Mais on peut imaginer aussi que c'est tout simplement l'envie d'être tranquilles qui mène certains chats souffrants vers des cachettes sombres, donc forcément fraîches.

Quelle que soit l'explication, un chat qui recherche l'air frais est un chat malade, qu'il faut donc emmener chez le vétérinaire.

1

Minou se déplace au gré de la température ambiante

Si vous ne mettez pas la climatisation dans une salle où il fait 30 °C, c'est normal que minou veuille s'en aller. Mais s'il persiste à vouloir partir alors que la pièce est climatisée, gardez un œil sur lui.

Et en hiver ?
Quand le chauffage tourne à plein régime, il se peut que minou ait trop chaud et qu'il demande à quitter la pièce. Il y reviendra quand il aura trop froid. Mais, s'il s'obstine à rester dans un coin non chauffé de la maison, il vaut mieux surveiller de près son état de santé.

Les coins frais du foyer
On les trouve un peu partout, pourvu qu'ils soient éloignés d'une source de chaleur : dans le couloir, sur le carrelage de la salle de bains, sur le parquet, dans une armoire, etc.

2

Pourquoi un chat malade recherche-t-il le frais ?

Il y a deux raisons à cela.
Soit la température ambiante ressentie est devenue trop élevée pour lui suite à la chute de sa propre température corporelle.
Soit c'est parce qu'en recherchant un coin sombre pour cacher sa souffrance, il est naturellement tombé sur un endroit frais.

Bien expliquer la situation
Le vétérinaire a besoin de connaître précisément dans quels coins de la maison votre chat se réfugie et pour quelle durée.

3

Ne pas négliger la visite chez le vétérinaire

Quand un chat déjà affaibli par une maladie chronique ou par l'âge refuse de quitter un endroit frais, c'est un signe plutôt inquiétant. Il faut l'emmener chez le vétérinaire après l'avoir emmitouflé dans une couverture bien chaude.

PENSE-BÉBÊTE

2

CHEZ LE VÉTÉRINAIRE

Les vétérinaires reçoivent souvent ce genre d'appel : « Mon chat vomit depuis trois jours et ne s'alimente plus. Puis-je attendre encore un peu avant de vous l'amener ? » Mais si un membre de votre famille était dans le même état, que feriez-vous ? Je suis sûr que vous l'emmèneriez immédiatement chez le médecin. Alors, **ne soyez pas négligent juste parce qu'il s'agit d'un animal de compagnie**. Agissez comme s'il était question d'un proche.

D'autre part, **avant d'emmener votre chat en consultation, il est vivement conseillé de prendre des photos ou des vidéos de minou en état de souffrance**. Dans certains cas, ces images ou ces vidéos s'avéreront beaucoup plus exploitables pour le vétérinaire que vos explications parfois confuses et imprécises. En effet, sans l'œil avisé du praticien, on peut aisément confondre une quinte de toux, un éternuement et une nausée.

Il est important aussi de prendre des photos de minou quand il va bien, car vous pourrez ensuite les comparer avec l'état de votre chat le jour où il ira moins bien. C'est ainsi qu'un changement de couleur des yeux pourra facilement être confirmé par une photo ancienne, ce qui est bien commode ; à force de côtoyer son chat, en effet, le maître oublie souvent certains détails évidents.

Beaucoup de gens aiment aller sur Internet pour faire des recherches sur les pathologies du chat. Mais n'oubliez pas que certaines maladies peuvent très vite s'avérer mortelles et nécessitent des soins urgents. **Ne comptez donc pas uniquement sur les informations que vous glanez en ligne et n'hésitez pas à poser des questions à un spécialiste**.

CHAPITRE

3

DE PETITES ATTENTIONS AU QUOTIDIEN POUR UNE SANTÉ OPTIMALE

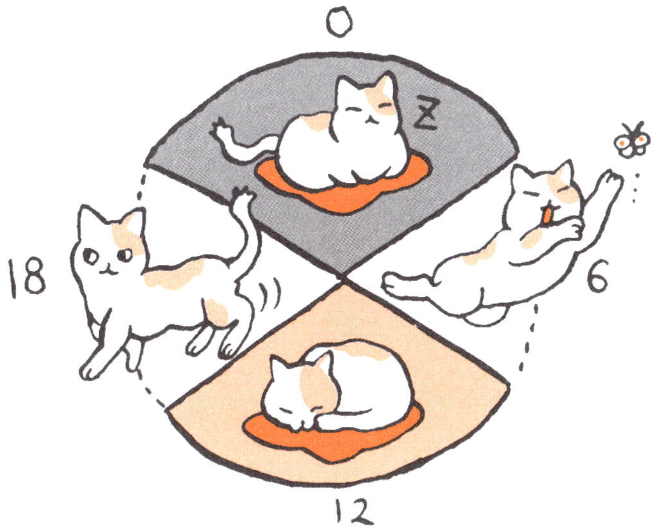

RESPECTER LE RYTHME DE VIE DE SON CHAT

Les chats sont surtout actifs à l'aube et en fin de journée. Ils sont également sensibles à l'alternance du jour et de la nuit.

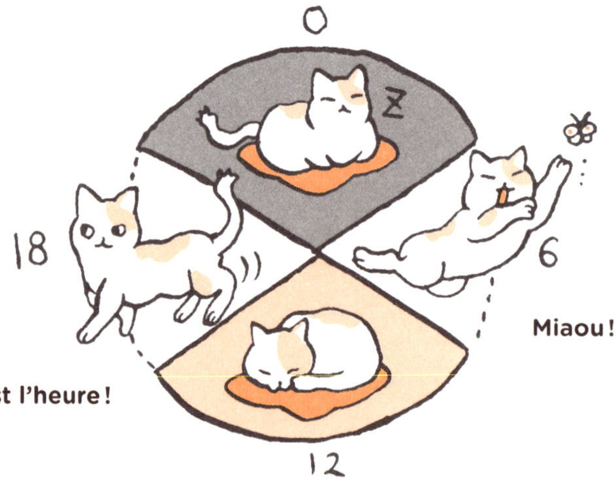

UNE VIE BIEN RÉGLÉE POUR UNE MEILLEURE SANTÉ

Afin que les chats d'intérieur puissent goûter à l'alternance naturelle du jour et de la nuit, il est conseillé d'éteindre les lumières tous les soirs à peu près à la même heure. L'idéal serait de leur offrir beaucoup de luminosité le jour et de les plonger dans la pénombre la nuit, pour recréer l'atmosphère d'un clair de lune.

Un rythme de vie déréglé peut provoquer certaines maladies chez le chat. Pour la bonne santé de minou, il est donc fortement recommandé de mener une vie bien réglée.

1

Bien connaître la fréquence d'excrétion

En temps normal, minou utilise sa litière cinq fois par jour au maximum : 1 à 2 fois pour déféquer et 2 à 3 fois pour uriner. Il est important que la quantité d'urine soit toujours à peu près la même.

Troubles urinaires
Si vous constatez que votre chat n'urine plus depuis 24 heures, c'est que son urètre est bouché. Il faut l'emmener au plus vite chez le vétérinaire.

2

La saison des amours chez les chats

La chatte entre en chaleur dès que les jours rallongent. Mais si elle vit en intérieur et se trouve dans l'obscurité plus de 14 heures par jour, elle n'aura pas ses chaleurs.

L'âge des premières chaleurs
Les cycles débutent vers l'âge de 5 mois à 6 mois pour les chattes les plus précoces, et vers 1 an pour les plus tardives. Les chattes d'intérieur peuvent connaître 5 à 6 cycles par an.

3

Rythme de vie déréglé et risque de maladies

Si vous constatez que minou n'est pas en forme, vous l'aideriez grandement en commençant par mener vous-même une vie plus réglée.

Symptômes possibles
Quand le maître a des horaires irréguliers, le chat peut ressentir du stress et perdre l'appétit, avoir la diarrhée ou même vomir.

COHABITATION MODE D'EMPLOI

GARDER SON CHAT À LA MAISON

Pour un chat domestique, le monde extérieur peut vite devenir dangereux.

LES RISQUES LIÉS À LA VIE EN PLEIN AIR

Il est fortement recommandé aux propriétaires de chats de ne pas les laisser gambader dehors. Les chats qui ont accès à l'extérieur sont souvent exposés aux dangers de la circulation et aux maladies contagieuses. De plus, ils peuvent causer des troubles de voisinage en déféquant çà et là.

Par ailleurs, il est à noter que les chats qui ne sortent jamais sont en meilleure santé et vivent plus longtemps (page 144) que leurs congénères en semi-liberté.

Les dangers de la circulation
La première fois qu'un chat voit une voiture ou un vélo, il reste souvent pétrifié.

1

Les risques encourus

Dehors, votre chat risque de se battre avec des chats errants porteurs de maladies, d'ingurgiter des pesticides s'il vit près des champs, ou d'être maltraité, etc.

2

Ne jamais lui faire connaître le monde extérieur

Un chat qui a déjà goûté à la vie en plein air réclamera sans cesse de pouvoir sortir et il sera difficile d'atténuer sa frustration. Le mieux est donc de ne jamais lui faire connaître le monde extérieur.

Est-ce cruel de ne pas laisser sortir son chat ?
Pour la plupart d'entre eux, le monde extérieur est source de stress car il se situe hors de leur territoire. C'est peut-être pour cela qu'en général, les chats ne restent pas dehors très longtemps.

3

L'inutilité du harnais

On vend dans le commerce des colliers et des harnais destinés à la promenade du chat. Mais le chat étant un animal très souple, il risque d'ôter son harnais.

Les chats et les balades
Les chats ne sont pas faits pour être promenés car ils sont craintifs, ont peur du bruit et des objets qui bougent vite.

COHABITATION MODE D'EMPLOI

LAISSER SON CHAT SEUL À LA MAISON

Quand on laisse son chat seul à la maison, il faut s'assurer du bon réglage de la température ambiante et mettre à sa disposition des bacs à litière et des gamelles supplémentaires.

PAS PLUS DE DEUX JOURS DE SOLITUDE

Le fait de laisser votre chat seul à la maison ne pose pas de problème en soi, car les chats sont des animaux naturellement solitaires. Mais il vaut mieux ne pas le laisser seul plus de deux jours, au cas où il aurait des ennuis de santé pendant votre absence. Si un ami peut passer chez vous, c'est encore plus rassurant.

N'oubliez pas de lui laisser suffisamment d'eau et de nourriture, et pensez à ranger tous les objets potentiellement dangereux.

1

Rien de mieux qu'une présence humaine

Pour faire garder son chat à domicile, on peut faire appel à un ami ou à un cat-sitter professionnel. Cela devient obligatoire au-delà de deux jours. Si minou n'est pas trop stressé par les déplacements, vous pouvez également le déposer dans une pension spécialisée.

Bien choisir son « visiteur »
Si le visiteur connaît bien votre chat, c'est encore mieux.

Bien ranger sa maison
Les objets que minou risque de casser ou d'éparpiller doivent être mis hors de sa portée.

2

Croquettes : mieux vaut prévoir large

Si vous partez loin, il faut toujours penser à l'éventualité d'un retardement. Il est donc sage de laisser plus de nourriture que nécessaire.

3

L'eau à volonté

L'approvisionnement en eau est le plus important. Il faut installer plusieurs points d'eau et s'assurer que les récipients ne se renversent pas facilement.

L'importance d'un récipient stable
En été, si minou renverse sa gamelle et qu'il n'a plus d'eau, il risque de se déshydrater. En hiver, il risque d'attraper froid en se retrouvant mouillé.

INDISPENSABLE BROSSAGE

Un brossage quotidien est recommandé lors des périodes de mue, c'est-à-dire au printemps et en automne.

Trop de poils !

LE BROSSAGE, C'EST BON POUR LA SANTÉ

Même si les chats savent naturellement faire leur toilette, certains d'entre eux – notamment les races à face plate – ont du mal à atteindre leur dos. Il est donc nécessaire d'aider nos petits protégés à se débarrasser de leurs poils morts, d'autant plus que le brossage permet d'éviter la formation de nœuds et accessoirement de maintenir la propreté de votre maison. Or, les nœuds peuvent être à l'origine de dermatites et les boules de poils peuvent causer une occlusion intestinale si le chat en avale trop.

1

Fréquence du brossage

Les chats à poil long nécessitent un brossage quotidien car ils en perdent beaucoup. On peut en revanche se contenter d'un brossage hebdomadaire pour les chats à poil court.

Les chats dotés de sous-poil
Un brossage méticuleux est indispensable pour les chats dont la fourrure est constituée de poil de couverture et de sous-poil, particulièrement dense.

Je suis belle !

Attention à l'électricité statique
Pour éviter ce désagrément, vous pouvez humidifier la brosse avant de commencer le brossage.

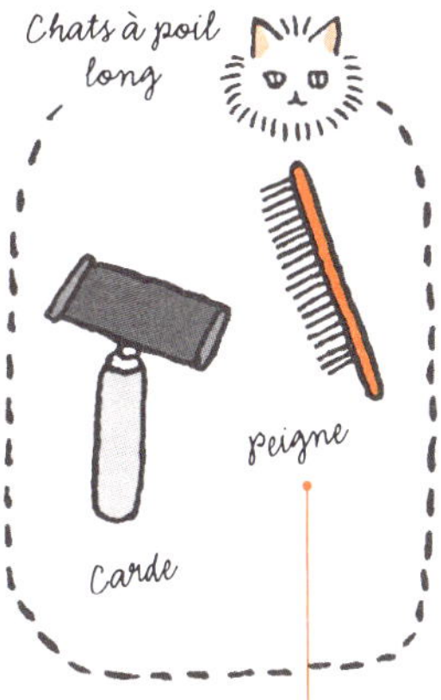

2

Les différentes sortes de brosse

On n'utilise pas les mêmes ustensiles pour les chats à poil long et court. Brossez toujours votre chat dans le sens du poil, c'est-à-dire de la nuque vers l'arrière-train.

Pour le brossage de la tête
On utilise un peigne. Pour la partie se trouvant sous le menton, faites glisser l'instrument du menton vers le poitrail, et pour les joues et le front, peignez du centre vers l'extérieur.

3

Chats récalcitrants

Beaucoup de chats n'apprécient pas qu'on leur touche le ventre, la queue et les pattes. Si c'est le cas de votre chat, ne le brusquez pas. N'essayez pas à tout prix de le brosser entièrement en une seule fois, mais procédez par étapes.

Des habitudes à prendre dès son plus jeune âge
L'idéal serait d'habituer votre chat au rituel du toilettage dès son plus jeune âge.

Tu m'embêtes !

HYGIÈNE DENTAIRE

La parodontite, causée par l'accumulation de plaque dentaire, peut non seulement provoquer le déchaussement des dents mais aussi avoir des conséquences néfastes sur le cœur et les reins.

BROSSAGE DES DENTS INDISPENSABLE

Les chats sont rarement sujets aux caries, contrairement aux maladies parodontales provoquées par l'accumulation de plaque dentaire.

Le tartre ne s'élimine pas par un simple brossage des dents, d'où l'importance de nettoyer les dents de minou régulièrement. Le brossage quotidien des dents est particulièrement recommandé pour les chats qui sont nourris à la pâtée, car la nourriture humide favorise la formation de plaque dentaire.

1

Brosse à dents

Vous aurez besoin d'une brosse à dents à petite tête. D'autre part, il vaut mieux se procurer un dentifrice adapté, conçu pour être appétant.

Le morceau de gaze médicale

Pour les chats rétifs à la brosse à dents, on peut utiliser de la gaze médicale qu'on enroule autour de son index et qu'on imprègne ensuite de dentifrice.

2

La position idéale pour le brossage des dents

Arrangez-vous pour être derrière lui. L'idéal serait de poser minou sur vos genoux ou sur une table.

Adieu au tartre...

Le brossage des dents

Il suffit de glisser doucement la brosse à dents dans sa bouche et d'effectuer de petits mouvements de va-et-vient entre les dents et la gencive.

3

Bien nettoyer les molaires

Il convient de bien brosser les canines et les molaires, et en particulier les molaires supérieures qui s'encrassent facilement. Si votre chat est coopératif, profitez-en pour insister sur cette zone. Une fois que le tartre est installé, il faut procéder comme pour les humains, c'est-à-dire pratiquer un détartrage aux ultrasons chez le vétérinaire. De plus, si le dépôt de tartre est important, votre petit compagnon devra subir une anesthésie générale.

Pour les chats récalcitrants

Ne vous forcez pas à nettoyer toutes les dents de minou en une seule fois.

COUPE DES GRIFFES

Même si votre chat sait utiliser son griffoir, il faut lui couper les griffes régulièrement pour éviter qu'il se blesse.

DES GRIFFES BIEN ENTRETENUES

Quand votre chat utilise son griffoir, ce n'est pas pour raccourcir ses griffes, mais pour les aiguiser.
Si vous ne les lui coupez pas régulièrement, ses griffes continueront à pousser et minou risque de se blesser ou de vous blesser involontairement.
Il faut donc lui couper au minimum une fois par mois.
Si votre chat ne se laisse pas faire facilement, n'essayez pas de couper toutes ses griffes en une seule fois, mais coupez-lui une griffe par jour. Et n'oubliez pas de lui donner une petite friandise pour le récompenser de sa coopération.

1

Le matériel à utiliser

Il existe deux sortes de coupe-griffes : de type « guillotine » ou « ciseaux ». Ces derniers me semblent plus faciles à utiliser.

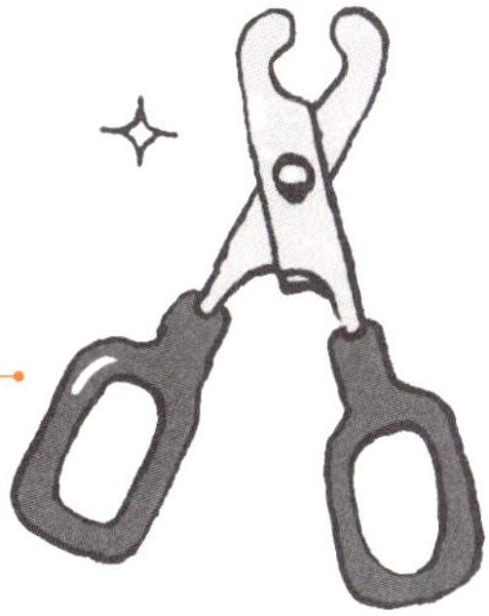

Ne jamais contraindre son chat
Si vous forcez minou à rester tranquille pendant que vous lui coupez les griffes, il va associer cette expérience à quelque chose de désagréable et ne vous laissera plus jamais recommencer.

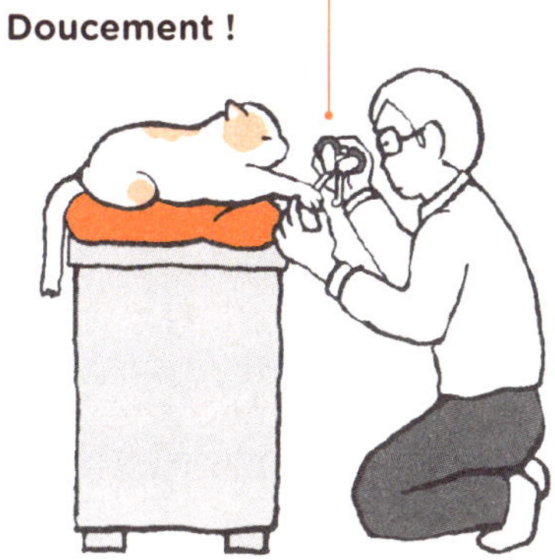

Mieux vaut être à deux
Si vous pouvez vous faire aider, l'idéal serait que l'un tienne la patte de minou pendant que l'autre lui coupe les griffes. Il ne faut pas immobiliser le chat avec trop de force, sinon il risque de se débattre violemment.

2

Poser le chat en hauteur

Si vous deviez couper les griffes de votre chat alors qu'il est par terre, vous seriez obligé de le faire en vous penchant sur lui, position ô combien inconfortable. Il vaut mieux poser son chat sur une table pour être à l'aise.

3

Précautions particulières pour les chats âgés

Plus les chats vieillissent, plus leurs griffes ont tendance à s'épaissir et à se recourber. Si on oublie de leur couper, celles-ci peuvent se planter dans les coussinets, empêchant ainsi les chats de marcher.

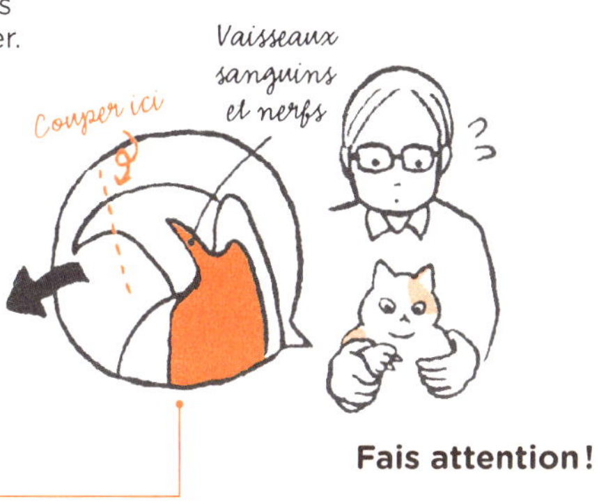

Bien couper les griffes
Il ne faut couper que l'extrémité blanche des griffes. Si votre chat saigne car vous lui avez coupé la pulpe par inadvertance, essayez d'arrêter l'hémorragie en comprimant la griffe avec un morceau de gaze.

SHAMPOUINER UN CHAT À POIL LONG

Avant de procéder au shampoing de votre chat, assurez-vous qu'il est en parfaite santé et qu'il n'a pas de fièvre. Vérifiez que ses griffes et vos propres ongles ne sont pas trop longs.

LES CHATS N'AIMENT PAS L'EAU

Les chats domestiques détestent être mouillés. Si le vôtre ne sort jamais, il n'a théoriquement pas besoin d'être shampouiné, sauf s'il a des poils longs. En effet, les races à poil long ont du mal à se toiletter car elles n'arrivent pas à atteindre la peau avec leur langue. Elles se salissent donc rapidement et leurs poils s'emmêlent facilement.

1

Shampoing ?

En théorie, les chats à poil court n'ont pas besoin de bain, surtout s'ils se font régulièrement brosser. Par contre, les chats à poil long ont besoin de se baigner une fois par mois. Ce bain mensuel leur permettra par ailleurs d'embellir leur fourrure.

Shampoing mode d'emploi

① Brossez votre chat.
② Mouillez son corps avec une eau tiède à 38 °C environ.
③ Lavez-le avec un shampoing adapté.
④ Nettoyez sa tête à l'aide d'une éponge imbibée de shampoing.
⑤ Rincez abondamment votre chat.
⑥ Enveloppez-le dans une serviette pour le présécher.
⑦ Séchez-le avec un sèche-cheveux tout en le brossant.

Lors de l'étape ①, si vous constatez que minou perd trop de poils ou que sa peau présente une lésion, abstenez-vous de le shampouiner.

2

La serviette chaude pour les chats récalcitrants

Votre chat est trop stressé par le bain ? Vous pouvez vous contenter de le nettoyer intégralement avec une serviette chaude.

Brossage obligatoire

Il est important de brosser minou avant de lui faire prendre un bain afin de lui ôter un maximum de poils. Si lors du brossage vous constatez que votre chat perd trop de poils ou que sa peau présente une lésion, ne le baignez pas. Emmenez-le chez votre vétérinaire qui vous expliquera si un traitement est nécessaire et s'il peut être shampouiné.

Cas des chats à poil court

On peut aussi utiliser la serviette chaude pour nettoyer leur tête, car c'est la seule partie du corps qu'ils ne peuvent pas atteindre directement avec la langue. Cela dit, les chats savent parfaitement utiliser leurs pattes avant comme un gant de toilette pour se débarbouiller.

3

Faire appel à un toiletteur professionnel

Si votre chat est aussi réfractaire à la serviette chaude, vous pouvez toujours l'emmener chez un toiletteur professionnel.

Shampouiner les chatons

Le shampoing et le séchage qui s'ensuit sont des activités énergivores, donc les chatons doivent être au moins âgés de 7 mois pour s'y soumettre.

CASTRATION DES MÂLES

Après la castration, les mâles sont moins enclins à marquer leur territoire et leur caractère a tendance à s'adoucir.

Je suis tout doux...

APRÈS LA CASTRATION, CERTAINS COMPORTEMENTS À PROBLÈME DISPARAISSENT

Si vous faites castrer votre chat vers l'âge de 6 mois, cela diminuera sensiblement son agressivité envers ses congénères et sa tendance au marquage urinaire.

L'autre avantage de la castration, c'est la suppression des risques d'infections génitales.

Cette intervention chirurgicale modifie l'équilibre hormonal de minou, entraînant la diminution de son métabolisme. Votre chat aura alors tendance à prendre de l'embonpoint.

1

L'âge idéal pour la castration

Il est conseillé de castrer son chat vers l'âge de 6 mois, c'est-à-dire un peu avant qu'il n'atteigne sa puberté. Vous éviterez ainsi qu'il ne goûte aux joies du marquage urinaire…

Les conditions pour subir une castration ou une stérilisation

Que ce soit pour une castration (mâle) ou une stérilisation (femelle), le chat doit être âgé d'au moins 6 mois et peser au minimum 2,5 kg.

2

Une castration vers 3 ans pour une carrure plus virile

Vers l'âge de 3 ans, les mâles non castrés ont tendance à devenir plus charpentés et à prendre des joues.

Les mâles et la période des amours

Les mâles entrent en rut lorsque les femelles ont leurs chaleurs. Ils manifestent leur maturité sexuelle en pratiquant le marquage urinaire, en poussant des miaulements aigus et sonores, et en frottant leurs organes génitaux un peu partout.

3

Tout savoir sur l'opération

N'oubliez pas que toute opération chirurgicale réalisée sous anesthésie générale comporte des risques de complication liés à l'intervention elle-même ou à l'anesthésie.

Le déroulement de l'opération

Votre chat doit être à jeun depuis la veille de l'intervention. La castration en elle-même ne dure environ qu'un quart d'heure et votre chat pourra rentrer à la maison dans la journée. En revanche, la stérilisation d'une chatte dure une demi-heure environ et nécessite parfois que cette dernière reste en observation pendant un ou deux jours. Les fils de suture sont retirés une semaine après l'opération.

STÉRILISATION DES FEMELLES

Dans presque 100 % des cas, l'accouplement entraîne la grossesse de la chatte. Si vous ne souhaitez pas que la vôtre ait des chatons, il est vivement conseillé de la faire stériliser.

LES DIFFÉRENTS BÉNÉFICES D'UNE STÉRILISATION

L'intervention chirurgicale aura plusieurs impacts positifs sur les chattes. Non seulement, elles ne manifesteront plus de comportements liés aux chaleurs, mais en plus elles seront définitivement épargnées par les maladies ovariennes ou utérines, et seront beaucoup moins affectées par les tumeurs mammaires. Le seul inconvénient de la stérilisation est que les chattes auront tendance à prendre du poids. Il faut donc revoir la ration alimentaire quotidienne après l'opération.

1

L'âge idéal pour la stérilisation

Il a été démontré qu'une stérilisation effectuée avant les premières chaleurs diminue considérablement le risque d'apparition de tumeurs mammaires. Il est donc conseillé de procéder à l'opération vers l'âge de 6 mois.

Tout savoir sur l'opération
L'opération de stérilisation consiste à retirer les ovaires et l'utérus de la chatte. Comme pour l'opération de castration, le vétérinaire a besoin de vérifier au préalable si minette est en état de subir une intervention chirurgicale. D'autre part, la chatte doit être à jeun depuis la veille de l'intervention. La stérilisation coûte toujours plus cher que la castration.

2

Presque pas de changement de physionomie

Contrairement aux mâles, l'âge de la stérilisation ne semble pas affecter la physionomie des femelles. En tout cas, grâce à la disparition du stress engendré par les chaleurs, les chattes stérilisées paraissent physiquement moins éprouvées que celles qui ne l'ont pas été.

J'ai grossi ?

Est-ce cruel de faire stériliser sa chatte ?
Une chatte qui n'est pas stérilisée cherchera constamment des mâles avec qui s'accoupler : ne trouvez-vous pas alors que c'est encore plus cruel de la frustrer en la privant de toute opportunité de satisfaire ses instincts ?

3

Stérilisation à risque durant les chaleurs

L'utérus de la chatte grossit quand elle est en chaleur. Il est donc conseillé d'attendre la fin de celles-ci pour la faire stériliser.

Précautions à prendre en cas de grossesse
Si vous tenez absolument à ce que votre chatte ait une portée, sachez que la tranche d'âge idéale va de 1 à 6 ans.

DES SOINS ANTI-ÂGE POUR L'AIMER PLUS LONGTEMPS

On peut atténuer les effets du vieillissement du chat en lui prodiguant une alimentation adaptée et des soins attentionnés.

LE VIEILLISSEMENT COMMENCE VERS L'ÂGE DE 7 ANS

Pour ralentir le vieillissement de minou, il convient d'abord de lui donner une alimentation de qualité et adaptée à son âge. Ensuite, il faut veiller à lui faire faire des exercices qui tiennent compte de sa condition physique, en le faisant jouer par terre avec ses jouets favoris. N'oubliez pas que votre chat n'a plus l'âge de grimper et sauter partout. Et par-dessus tout, il est important de passer du temps avec lui et d'être à son écoute. Vous pouvez aussi modifier son environnement pour atténuer son éventuel stress.

1

L'importance des moments partagés

Plus votre chat vieillit, plus il est important de partager avec lui des moments de complicité pour détecter d'éventuels problèmes de santé.

Comprendre les émotions de minou
Les chats ne sont pas des animaux très expansifs. Mais ils savent exprimer leurs émotions grâce à une combinaison subtile de postures, mimiques et autres miaulements.

2

Les bienfaits du massage

Le massage a pour effet d'améliorer la circulation sanguine, ce qui favorise un meilleur transport des nutriments et de l'oxygène à travers tout le corps. Si minou apprécie d'être massé, cela aura en plus un effet apaisant sur lui.

Attention à ne pas lui faire mal
Si votre chat manifeste son mécontentement, relâchez un peu la pression et massez doucement là où cela lui est agréable.

3

Sédentarisme et affaiblissement musculaire

À partir de l'âge de 2 ou 3 ans, les chats deviennent plus sédentaires et perdent petit à petit leur masse musculaire. Pour éviter qu'ils ne prennent de l'embonpoint, il est conseillé de les inciter à bouger en jouant avec eux.

Éviter les mouvements verticaux
Les chats seniors perdent facilement l'équilibre. Pour éviter qu'ils tombent d'un endroit en hauteur, il vaut mieux les faire bouger sur le sol plutôt que de les inciter à grimper.

PENSE-BÉBÊTE

3

QUE FAIRE EN CAS DE CATASTROPHE NATURELLE ?

Ces dernières années, aucune région au monde n'a été épargnée par les catastrophes naturelles, à commencer par les inondations. Pour pouvoir protéger au mieux son petit félin lorsque surviennent ces événements aussi dramatiques que soudains, il faut s'entraîner à parer à toute éventualité, et ce, même en temps ordinaire.

Lors d'une catastrophe naturelle, les chats ont tendance à paniquer et à se cacher. Pour éviter de devoir chercher minou dans ces moments de grande tension, vous pouvez vous inspirer de l'astuce trouvée par un habitant du nord-est du Japon, région durement touchée par un tremblement de terre suivi d'un tsunami géant en 2011. Il avait pris l'habitude de faire sonner l'alarme chez lui, puis de donner des friandises à son chat pour que celui-ci soit conditionné à venir le rejoindre à chaque sonnerie. Le jour où sa ville a fait sonner l'alarme pour de bon pour donner l'ordre d'évacuation générale, ce monsieur n'a eu aucun mal à trouver son chat et à le mettre dans une cage de transport.

Par ailleurs, pour se préparer à l'éventualité d'un séjour dans un refuge collectif, comme un gymnase par exemple, il est important d'habituer votre chat à rester tranquille dans une cage de transport et à ne pas avoir peur de la proximité d'inconnus.

Il faut aussi avoir constamment en tête une liste d'objets et de documents à emporter avec soi lors d'une évacuation : croquettes, médicaments, harnais et laisse, gamelles, carnet de santé avec mention des coordonnées du vétérinaire, bac à litière, litière, etc. Et n'oubliez pas d'identifier minou par puce électronique ou tatouage.

CHAPITRE

4

FAIRE PLAISIR À SON CHAT

LA COMPATIBILITÉ CHAT-HUMAIN

Les chats sont naturellement attirés par les humains calmes et silencieux.

LA BONNE DISTANCE À TROUVER AVEC SON CHAT

Tous les propriétaires de chats veulent être aimés de leurs petits protégés. Mais, sans le savoir, nous faisons parfois des choses qui leur déplaisent.

En effet, les chats n'aiment pas trop qu'on les prenne dans nos bras ou qu'on leur fasse des bisous. Ils n'apprécient pas non plus qu'on les appelle ou qu'on les manipule sans raison. Et ils ont horreur des gens qui se mettent tout à coup à crier. Bref, nos amis les chats ne veulent pas être entravés dans leurs mouvements ou dérangés dans leur recherche de quiétude.

Ce qui plaît aux chats
En général, les chats sont attirés par les personnes aux gestes doux, qui parlent sur un ton calme, d'une voix plutôt claire et aiguë. Mais que les autres se rassurent ! Si vous respectez leur liberté et leur soif d'indépendance, nos petits félins sauront aussi vous apprécier.

Les caresses intempestives
Minou n'aime pas non plus être touché ou caressé pendant qu'il mange ou fait sa toilette.

2

Se mettre à hauteur de chat

Quand vous voulez parler à votre chat ou le caresser, il vaut mieux se mettre à sa hauteur pour éviter de l'effrayer.

3

S'adapter au caractère de son chat

Il y a deux sortes de chat : les « câlins », qui aiment être cajolés par les humains, et les « indépendants », qui préfèrent leur tranquillité. Vous saurez à quelle catégorie appartient votre chat en observant son comportement habituel et sa réaction quand vous le caressez.

Minou se lèche après chaque caresse
Si votre chat s'éloigne de vous et lèche la partie de son corps que vous venez de toucher, c'est qu'il est plutôt « indépendant ». En se léchant, il essaie de se débarrasser de votre odeur au plus vite…

LES CHATS ONT-ILS UNE « PERSONNALITÉ » ?

Vous pouvez essayer de la cerner en observant ses mimiques révélatrices. Une queue qui oscille de droite à gauche ou des oreilles aplaties sont autant d'indices sur son humeur.

UNE GRANDE DIVERSITÉ DE PERSONNALITÉS

Les félins sauvages étant des animaux capables de chasser seuls, ils n'ont pas besoin de vivre en meute. À cause de cela, leurs descendants ont tendance à ne pas trop interagir entre eux.

Cela dit, il leur arrive parfois de montrer de l'empathie envers les autres. Par exemple, si votre chat vous ramène une proie qu'il vient d'attraper, c'est par compassion envers le piètre chasseur que vous êtes, incapable de capturer la moindre souris.

1

Les différences de caractère selon les races

On dit que les races sveltes à poil court, comme l'abyssin ou le bleu russe, sont souvent pleines de vie. Les races à poil long, comme le maine coon et le persan, sont au contraire réputées pour leur douceur de caractère.

Toujours prêt à jouer !
L'abyssin est un chat très athlétique et débordant de vie, même à l'âge adulte.

2

Un chaton a besoin de sa famille pour se forger un caractère

C'est lorsqu'ils ont 3 à 7 semaines que la capacité d'apprentissage des chatons est à son apogée. Durant cette période cruciale, ils doivent rester auprès de leur mère et de leur fratrie.

L'âge minimal pour la séparation
On ne doit jamais séparer un chaton de sa mère avant l'âge de 8 semaines. Sinon, il ne sera pas suffisamment sociabilisé, ce qui sera préjudiciable pour sa vie future.

3

L'incidence de l'hérédité

On pense que les chatons héritent de la plus ou moins grande agressivité de leur père. La mère, quant à elle, lègue à ses petits le stress psychologique qu'elle pourrait subir pendant sa grossesse.

L'incidence sur les autres animaux
Après la mise bas, la chatte se consacre entièrement à ses petits. De même, le propriétaire de la chatte sera aussi très sollicité par les chatons. Cette situation nouvelle peut parfois créer des tensions s'il y a d'autres animaux à la maison. Il est donc fortement conseillé de ne pas négliger vos autres petits protégés.

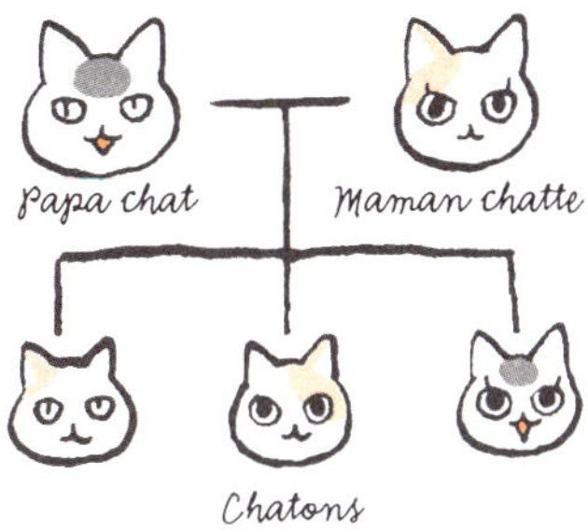

JOUER AVEC SON CHAT

Il est primordial de jouer régulièrement avec son chat, même pour une courte séance de jeu. Les jeunes chats âgés d'un à deux ans ont besoin de jouer quotidiennement. Ils continueront par la suite à jouer mais de façon moins intense.

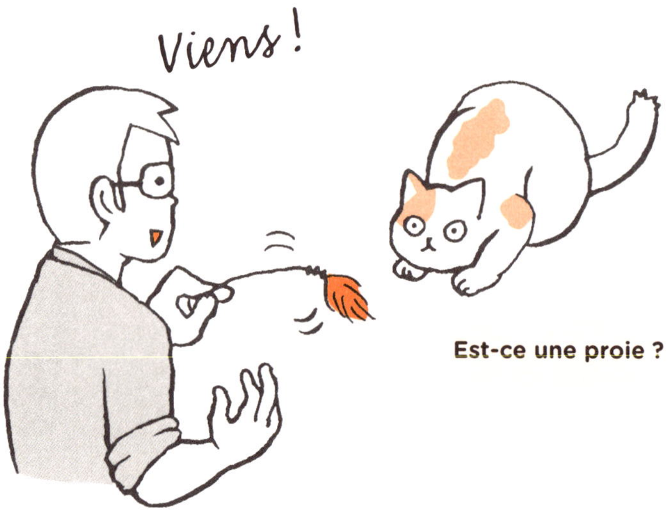

JOUER AVEC SON CHAT POUR ENTRETENIR SA MUSCULATURE

Il faut adapter la nature et l'intensité du jeu selon l'âge de votre chat. Quand minou est encore chaton ou en bas âge, il faut beaucoup jouer avec lui car c'est par le jeu qu'il se renforcera tant physiquement que mentalement. Le jeu est primordial pour limiter la fonte de sa masse musculaire. Essayez donc d'inventer de nouveaux jeux, plus adaptés à l'âge de minou, pour qu'il puisse continuer à être actif.

1

Le jeu du chat et de la souris

Agitez un objet devant lui en imitant les mouvements saccadés d'une proie en fuite qui sautille d'un point à un autre, s'arrête pour souffler, se dissimule dans un recoin, de sorte que votre chat se croie en pleine partie de chasse.

Choisir un jouet qui ressemble à une proie
Une petite peluche attachée au bout d'un fil ou un plumeau fera l'affaire. L'important, c'est que l'objet en question lui rappelle une souris, un insecte ou un oiseau. Cela fonctionne aussi avec une balle : si vous la faites rouler par terre énergiquement, minou s'empressera de la rattraper.

Le jeu des taches de lumière
Ce jeu consiste à projeter des taches de lumière au sol ou sur le mur à l'aide d'un pointeur laser, d'une lampe de poche ou d'un miroir. Attention à ce que le rayon laser ne vise pas les yeux de minou, cela pourrait être dangereux pour lui.

2

Stimuler minou avec de nouveaux jouets

Il n'est pas inutile de temps en temps de leur offrir de nouveaux jouets pour stimuler leur curiosité.

Les choses à ne pas faire
Les chats sont des animaux qui n'en font qu'à leur tête. Quand minou en a assez de jouer, il faut le laisser tranquille et arrêter de le solliciter.

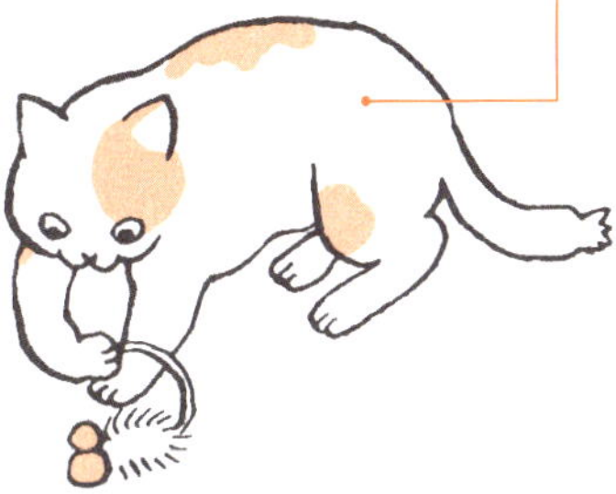

3

Les précautions à prendre

Faites attention aux jouets de petite taille ou de consistance molle. Minou pourrait les avaler ou les broyer en petits morceaux.

FAIRE PLAISIR À SON CHAT

LES PAPOUILLES PRÉFÉRÉES DES CHATS

Il arrive que minou vous morde brusquement alors que vous êtes en train de le caresser. Dans ce cas, n'insistez pas et laissez-le tranquille.

J'aime les câlins !

UN MOMENT DE PLAISIR PARTAGÉ AVEC SON CHAT

En caressant minou, vous lui procurez du bien-être. Profitez d'une séance de câlins pour vérifier si son corps ne présente pas de signe potentiellement inquiétant, comme une enflure ou une alopécie. N'oubliez pas que ce moment privilégié de complicité avec votre chat vous fait du bien également en vous apportant apaisement et détente. Prenez votre temps pour bien savourer ces instants et apprendre à mieux connaître votre chat.

1
Pour minou, caresses = léchouilles

Quand un chat en lèche un autre, c'est pour lui témoigner son affection. Si vous voulez faire plaisir à minou, caressez-le en imitant les mouvements de langue d'un chat. Pour cela, utilisez la pulpe de vos doigts plutôt que la paume des mains.

L'effet relaxant des papouilles
Les séances de caresses ont des effets apaisants. Elles peuvent par ailleurs vous aider à nouer une solide relation de confiance avec votre petit compagnon.

2
Ne pas être inutilement insistant

Si la queue de minou s'agite de droite à gauche et que ses oreilles s'aplatissent vers l'arrière, c'est le signe qu'il commence à être agacé.
Dans ce cas-là, laissez-le tranquille.

Les mauvais moments pour le caresser
Les chats détestent être dérangés quand ils mangent ou font leur toilette.

3
Où faut-il caresser ?

En général, les chats aiment être caressés au niveau de la tête, du cou et du dos. Par contre, la plupart d'entre eux n'apprécient pas qu'on leur touche les pattes, la queue et le ventre, partie la plus sensible pour nos petits félins.

Comment gagner leur confiance
Les chats apprécient les personnes qui parlent doucement et ne font pas de gestes brusques.

FAIRE PLAISIR À SON CHAT

PRENDRE SON CHAT DANS SES BRAS

Votre chat n'est pas une peluche ! Ne vous obstinez pas à le prendre inutilement dans vos bras s'il n'aime pas cela, car il risque de devenir réfractaire à toute manipulation.

Ne t'approche pas !

FAUT-IL L'HABITUER À ÊTRE PORTÉ ?

La plupart des chats n'aiment pas être portés car ils ont l'impression d'être entravés et de ne pas pouvoir s'échapper si besoin.
Mais le problème peut parfois venir des maîtres, qui s'y prennent mal en les étreignant. Pour que minou se sente à l'aise dans vos bras, il faut bien le caler contre vous et soutenir son derrière. On a toujours besoin de manipuler son petit compagnon, ne serait-ce que pour lui couper les griffes ou lui brosser les dents.
Donc entraînez-vous à le porter dans les règles de l'art.

1

Appelez-le avant toute manipulation

Évitez de soulever minou par surprise ; il risque de se débattre et de vous échapper. Prévenez-le en l'appelant par son nom par exemple. À force, il arrivera à anticiper votre geste et l'acceptera peut-être plus facilement.

Apprentissage en douceur

Si votre chat n'aime pas être pris dans vos bras, habituez-le d'abord à venir sur vos genoux. Pour cela, asseyez-vous par terre et attirez minou à vous à l'aide d'un jouet. Une fois qu'il sera sur vos genoux, soulevez-le un peu avec vos mains pour l'habituer à être manipulé. L'important, c'est de ne pas aller trop vite en besogne.

2

Bien tenir son chat

Soulevez votre chat en le prenant par les aisselles. Serrez-le aussitôt contre vous ; une main sous le thorax, l'autre sous les pattes arrière. Il faut le maintenir d'une façon suffisamment ferme pour qu'il se sente en sécurité.

L'astuce pour que minou soit en confiance

Quand votre chat est dans vos bras, il ne faut pas qu'il y ait d'espace entre vous deux.

3

Les mauvaises façons de tenir un chat

Il ne faut pas soulever minou par la peau du cou. Vous devez également éviter de le saisir par les aisselles et de laisser pendre son corps dans le vide.

Détecter ses signes de lassitude

Même si votre chat accepte d'être pris dans vos bras, il se lassera assez vite de cette situation. Dès qu'il montre des signes d'agacement, faites-le redescendre doucement au sol.

COMMENT S'ADRESSER À SON CHAT

Quand vous vous adressez à votre chat, employez des mots courts. Et surtout, parlez doucement.

LES CHATS ONT DU MAL À DISTINGUER LA PAROLE HUMAINE

On pense que les chats ont du mal à distinguer les consonnes et ne discernent que les voyelles. C'est pourquoi ils ne savent pas faire la différence entre « papa » et « lala », ou encore entre « jiji » et « kiki ». Pensez-y si vous avez plusieurs chats et que vous devez leur donner des noms.

1

Donnez-lui un nom court

Choisissez pour minou un nom court et facilement reconnaissable.

Les noms les plus populaires
Le tiercé gagnant des noms les plus populaires en France est : Minette, Tigrou et Chipie.

2

Ne jamais parler fort

Quand vous vous adressez à minou, parlez-lui doucement, avec une voix un tantinet plus aiguë que d'habitude.

Ce qui met minou en rogne
Les chats n'apprécient pas les gens brusques, à la voix de stentor, et qui les appellent sans arrêt pour rien.

3

Ne pas hésiter à lui parler

Même si votre chat ne comprend pas ce que vous lui racontez, il est important de lui parler afin de renforcer vos liens. Vos paroles sonneront toujours agréablement à son oreille et l'aideront à se détendre.

Certains chats sont d'incorrigibles timides
Les chatons se sociabilisent entre l'âge de 3 et 7 semaines. Si pendant cette période cruciale, ils n'ont pas l'occasion de se familiariser avec la présence humaine, ils risquent de rester distants envers les humains toute leur vie.

FAIRE PLAISIR À SON CHAT

MASSAGES DES COUSSINETS

Des poils peuvent apparaître entre les coussinets. Si votre chat appartient à une race à poil court, cela ne pose pas de problème. Mais s'il a de longs poils, il risque la glissade sur sol lisse, donc il faut les lui couper.

PRÉCIEUX COUSSINETS

Les coussinets sont doux et moelleux au toucher S'ils sont dépourvus de poils, c'est parce qu'ils remplissent une fonction antidérapante. Par ailleurs, ils amortissent le choc en cas de chute et permettent aux chats de s'approcher de leurs proies sans faire de bruit. Il est à noter que les chats ne transpirent que par les coussinets.

FAIRE PLAISIR À SON CHAT

BISOUS OU PAS BISOUS ?

Il arrive que nos amis les chats nous transmettent des maladies. Les adultes peuvent comprendre les risques encourus, ce qui n'est pas le cas des enfants. Il faut donc leur apprendre à garder une certaine distance avec les chats.

ATTENTION AUX CONTACTS TROP RAPPROCHÉS

On appelle « zoonoses » les maladies transmissibles de l'homme à l'animal, et en particulier du chat à l'homme via ses vers intestinaux. Lorsqu'un chat contaminé par ces vers fait sa toilette et se lèche l'anus, il peut se retrouver avec des œufs de ces parasites autour des babines. Il suffit alors que vous lui fassiez des bisous ou que vous vous frottiez contre sa tête pour être contaminé à votre tour.

Un simple examen des selles permettra de savoir si minou est contaminé par des parasites ou pas.

ASTUCES POUR FAIRE COHABITER PLUSIEURS CHATS

L'arrivée d'un nouveau chat à la maison peut être source de stress pour le chat déjà installé. Avant d'en accueillir un autre, il faut bien réfléchir à l'éventuel réaménagement de son intérieur, au budget supplémentaire engendré par le nouveau venu et au meilleur moment pour accueillir ce dernier.

CHOISIR UNE BONNE COMBINAISON

Il faut veiller à choisir une bonne combinaison en matière de sexes et de liens de parenté. Les binômes qui marchent le mieux sont ceux formés par la mère et un de ses petits, ou deux chats issus d'une même portée, car il s'agit d'individus qui vivent ensemble depuis la naissance. S'il s'agit de chats qui n'ont aucun lien de parenté entre eux, le binôme qui fonctionne le mieux est celui constitué d'un mâle et d'une femelle. Vient ensuite le binôme formé par deux femelles.

1

Les combinaisons à éviter

Il vaut mieux ne pas adopter deux mâles car ils risquent de s'affronter pour la défense de leur territoire respectif. La cohabitation entre un chat senior et un chaton est également à proscrire, car l'aîné peut être stressé par l'hyperactivité de son cadet.

Priorité au chat déjà installé

Avant de prendre la décision d'accueillir un nouveau chat, il faut tenir compte de l'âge et du caractère de celui que vous avez déjà. L'idéal serait de pouvoir prendre le nouveau en période d'essai d'une à deux semaines.

Le stress causé par la présence d'un chien

Le chien n'est pas particulièrement stressé par la présence d'un chat, mais l'inverse est faux. Par instinct, le chat a peur du chien.

2

Cohabitation entre un chat et un chien

Si le chien est le premier arrivé, la cohabitation avec un chaton devrait bien se passer, alors que celle avec un chat adulte doit être envisagée avec précaution. Si c'est le chat qui est le premier arrivé, alors la cohabitation avec un chien est difficilement envisageable.

3

La règle des 7 ans

Comme l'espérance de vie moyenne d'un chat est de 15 ans, l'idéal est d'accueillir un nouveau venu quand l'ancien est âgé de 7 ans. Lorsqu'il y a décès d'un chat, le maître n'est pas le seul à être affecté. Les chats peuvent aussi éprouver du chagrin ou de l'angoisse. Il est alors important de les apaiser en étant très présent à leurs côtés.

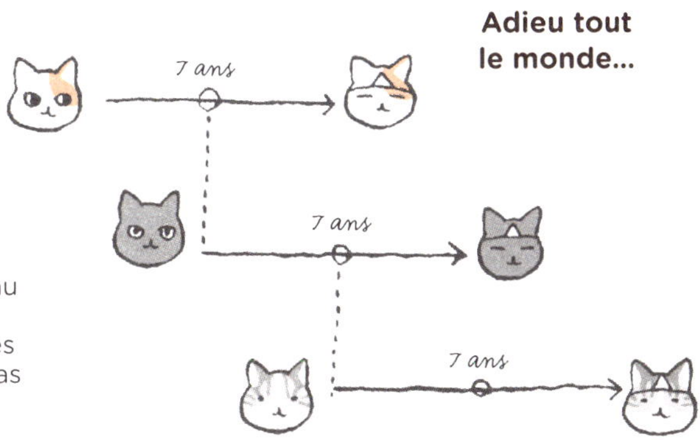

Que faire de son corps ?

Après le décès de votre chat, 3 solutions se présentent à vous : ① Enterrement dans un cimetière animalier. ② Enterrement dans votre jardin. ③ Incinération par le vétérinaire.

PENSE-BÉBÊTE

4

LES FRIANDISES À DONNER, CELLES À ÉVITER

Les croquettes sont conçues pour pouvoir répondre aux besoins nutritionnels de votre chat. Mais beaucoup de propriétaires de chats veulent faire plaisir à leurs protégés en leur offrant des friandises. Si vous y tenez, donnez à votre chat de petits morceaux de blanc de poulet que vous aurez blanchis à l'eau rapidement, sans ajout de sel ni d'arômes. Vous pouvez aussi lui donner de la viande de bœuf ou de porc, cuite et non assaisonnée. Mais le poulet est plus conseillé car il est plus riche en protéines et moins gras.

Il faut également **faire attention à la quantité**. Quand vous voulez savoir si la quantité de friandises est adéquate ou pas, posez-vous cette question: suis-je capable de manger une quantité 20 fois supérieure à ce que je m'apprête à donner à minou ?

CHAPITRE

5

AMÉNAGER SA MAISON POUR MIEUX ACCUEILLIR SON CHAT

LE B.A.-BA D'UN AMÉNAGEMENT OPTIMAL

Lorsque vous aménagez votre intérieur, pensez aux besoins innés de votre chat.

UN LIEU DE VIE MODULABLE EN FONCTION DE L'ÂGE DE MINOU

En tant que maître, il est de votre responsabilité de procurer à votre chat un environnement sécurisé et confortable. Pour créer un cadre de vie dans lequel l'homme et le chat puissent cohabiter en toute tranquillité, reportez-vous au plan de la page suivante. Les points sur lesquels il faut faire attention varient en fonction de l'âge de minou. Vers 13 ou 14 ans, en effet, sa masse musculaire commencera à décliner et il aura de plus en plus de mal à bondir. Il faudra alors aménager son espace pour que toute sa vie puisse se dérouler au sol. Vous pouvez vous référer aux conseils de la page 136 pour améliorer l'accessibilité de la maison pour votre vieux compagnon à quatre pattes.

L'aménagement idéal pour vivre avec son chat

Le chat est un animal joueur et curieux. Il aime mordiller les câbles électriques et goûte volontiers aux restes de repas laissés par ses maîtres. Mais ces caractéristiques sont encore plus exacerbées chez les chatons. Quel que soit l'âge de votre petit compagnon, veillez à ne jamais laisser traîner vos affaires, surtout si elles sont de petite taille.

Le panier de minou
C'est là que votre chat passe le plus clair de son temps. Il faut donc que cet endroit soit le plus confortable possible. Si son panier est trop grand, minou ne se sentira pas suffisamment protégé. Pour lui trouver le panier idéal, reportez-vous à la page 130.

Fenêtre
Veillez à installer un grillage à la fenêtre pour empêcher minou de s'évader.

Arbre à chat
Grâce à un arbre à chat, minou pourra satisfaire sa passion pour l'altitude, tout en s'exerçant à monter et à descendre les différents niveaux.

Matériel pour le sol
Pour éviter toute glissade, moquette et tapis sont préconisés. Mais prenez garde au tapis en polyuréthane : si minou en avale des morceaux, il risque une occlusion intestinale.

Bac à litière
Il doit être placé près du coin où minou a l'habitude de se reposer, mais pas dans l'obscurité totale (page 132)

Escalier
À partir de 13 ou 14 ans, nos petits félins commencent à perdre de la masse musculaire et peuvent alors tomber dans les escaliers. Pour éviter toute chute, il est plus prudent d'en barrer l'accès.

La porte
Certains chats n'apprécient pas la climatisation. Si c'est le cas du vôtre, il faut qu'il puisse à son gré quitter une chambre climatisée. Pour cela, laissez les portes toujours entrouvertes.

Ne jamais laisser traîner des objets dangereux
Les objets les plus anodins peuvent être nocifs pour minou s'il les avale : plantes vertes, restes de repas de ses maîtres, matériel de couture, médicaments, rubans, etc. (page 124).

LES CHOSES À PROSCRIRE

Certaines plantes peuvent s'avérer toxiques pour les chats et endommager leur peau et leurs organes en cas d'ingestion. Pour ne pas prendre de risque inutile, il vaut mieux éliminer toutes les plantes en pot.

CRÉER UN ENVIRONNEMENT COMPLÈTEMENT SÉCURISÉ

L'intérieur de la maison regorge de dangers potentiels pour les chats, comme les plantes et les fleurs coupées. En effet, on dénombre environ 200 à 300 plantes qui peuvent s'avérer toxiques en cas d'ingestion par les chats. Les plantes de la famille des Liliacées sont les plus dangereuses, mais le lierre grimpant, le pothos, le poinsettia, le narcisse et la jacinthe peuvent aussi causer des dégâts.

1

Protéger les câbles électriques

Beaucoup de chats aiment mâchouiller les câbles électriques au risque de recevoir une décharge. Il faut donc dissimuler ces câbles ou les recouvrir avec des gaines adaptées.

Ne pas le gronder

Cela ne sert à rien de gronder votre chat qui grignote les câbles. Il ne comprendra pas et ne retiendra que la désagréable impression d'avoir été grondé.

2

Bien débarrasser la table

Nos aliments peuvent s'avérer dangereux pour le chat (page 154). Il en est de même pour les médicaments et compléments alimentaires ; il ne faut donc jamais les laisser traîner.

3

Bien ranger sa maison

Minou aime casser ou faire tomber vos bibelots préférés ? C'est normal, c'est un chat. C'est donc à vous de ranger tous les objets auxquels vous tenez et qui risquent de finir en mille morceaux...

Cacher vos objets de valeur

Les objets en cuir, tels que les chaussures, peuvent faire les frais des griffades de minou. Il faut donc les ranger dans des placards bien fermés.

AMÉNAGER SA MAISON POUR MIEUX ACCUEILLIR SON CHAT

RÈGLES À RESPECTER LORS DE L'UTILISATION D'UNE CAGE

On peut utiliser une grande cage pour y installer momentanément un chaton turbulent qui risque de se retrouver coincé entre deux meubles.

UNE CAGE PLUS HAUTE QUE LARGE

Si votre chaton est particulièrement turbulent et qu'il risque de faire des bêtises pendant votre absence, vous pouvez le mettre dans une cage prévue à cet effet. Plus la cage est grande, mieux c'est. Comme les chats aiment grimper, il vaut mieux choisir une cage plus haute que large.

En ce qui concerne la matière, il est préférable que les barrières de la cage soient faites en acier ou en plastique pour que les griffes de minou ne s'y accrochent pas. Si vous avez plusieurs chats et qu'ils s'entendent bien, vous pouvez les placer dans la même cage. Mais si tel n'est pas le cas, installez-les chacun dans une cage différente.

1

Les objets indispensables à mettre dans la cage

Il faut obligatoirement installer son bac à litière et ses deux gamelles (eau et nourriture) dans la cage. Comme les chats n'aiment pas s'alimenter ou s'abreuver près de leur petit coin, il est conseillé de poser le bac à litière au rez-de-chaussée de la cage et les gamelles au premier étage.

Mon petit studio rien qu'à moi !

Ce qu'il ne faut pas mettre dans la cage
Il n'est pas conseillé d'installer un chauffage d'appoint dans la cage car, si minou dort à côté pendant de longues heures, il risque une brûlure superficielle.

2

Les emplacements à éviter

Il ne faut pas que la cage se retrouve en plein soleil ou qu'elle soit plongée dans l'obscurité la plus complète. Même la nuit, l'environnement de votre chat doit être éclairé par une faible lueur. Pour cela, installez la cage dans votre salon, par exemple.

La cage et les chatons
Quand on doit s'absenter en laissant seul son chaton, il est prudent de le mettre dans une cage, car la maison est remplie d'objets qui peuvent piquer sa curiosité et s'avérer dangereux pour lui.

3

Les jouets à mettre dans la cage

C'est important de laisser des jouets dans la cage de minou pour qu'il ne s'ennuie pas. Mais évitez les jouets trop petits pour éviter que votre chat ne les avale. De gros ballons ou des cordes de diamètre raisonnable feront l'affaire.

Attention aux petits objets
Évitez de mettre de petites balles et des rubans dans la cage. Si minou les avale, il risque une occlusion intestinale.

UN ARBRE À CHAT POUR ÉGAYER SA VIE

Les chats adorent être juchés en hauteur. L'arbre à chat fait office à la fois de terrain de jeu et de lit.

UN ARBRE À CHAT POUR INCITER MINOU À FAIRE DE L'EXERCICE

Les ancêtres sauvages des chats domestiques aimaient vivre dans les arbres pour pouvoir repérer plus facilement leurs proies et se sentir à l'abri de leurs prédateurs. Et visiblement, les chats ont gardé en eux cette attirance pour l'altitude.

Pour satisfaire ces penchants et les inciter à faire de l'exercice, il est vivement conseillé de leur aménager des endroits surélevés, où ils pourront s'amuser à se hisser. Mais le plus simple, c'est de leur acheter un arbre à chat, voire d'installer au mur d'étroites passerelles qui ne seraient accessibles que par eux.

1

L'emplacement idéal pour l'arbre à chat

Il est conseillé d'installer votre arbre à chat près de la fenêtre pour que minou puisse se sentir comme dans un mirador.

Minou adore regarder dehors

Pour éviter que minou s'ennuie, donnez-lui l'opportunité de se divertir en regardant ce qui se passe dehors.

À défaut d'arbre à chat

Si vous ne pouvez pas installer d'arbre à chat, essayez de disposer des boîtes de rangement ou des chaises de telle sorte que minou puisse atteindre facilement le sommet d'un placard ou d'une bibliothèque.

2

Une petite sieste sur un arbre perché

Vous trouverez dans le commerce un large choix d'arbres à chat, dont certains pourvus de paniers et d'igloos.

3

Les arbres à chat faits maison

Si vous tenez à fabriquer vous-même un arbre à chat, alors faites-en un qui soit suffisamment solide pour résister aux bonds et cabrioles.

Pas si facile

Si vous n'êtes pas sûr de vos capacités, n'hésitez pas à faire appel à un professionnel.

AMÉNAGER SA MAISON POUR MIEUX ACCUEILLIR SON CHAT

BIEN CONNAÎTRE SES GOÛTS EN MATIÈRE DE « LITERIE »

Les chats ne dorment pas uniquement dans leur panier. Ils peuvent trouver leur bonheur sur le dossier d'un canapé, dans un panier à linge, ou même sur un appareil ménager.

C'EST À MINOU DE CHOISIR SON PETIT NID DOUILLET

Les chats passent une grande partie de leur journée à dormir, d'où l'importance d'un lit confortable. Mais chaque chat a ses goûts, qui peuvent varier en fonction de l'âge et de la saison. Si minou snobe le luxueux panier que vous lui avez acheté, ne soyez pas vexé : il veut choisir lui-même son lit. Si vous avez plusieurs chats, vous devez préparer au moins un lit par chat.

1

L'emplacement idéal pour son lit

Le lit doit être placé dans un endroit calme, cela va de soi. Mais il faut aussi qu'il soit en vue du maître, pour que ce dernier puisse voir à tout moment si minou se porte bien.

Le lit idéal
Si vous offrez à minou un lit pile à sa taille, vous avez de fortes chances de lui faire plaisir. En revanche, un lit trop grand n'aidera pas votre chat à maintenir sa température corporelle.

2

Aider minou à réguler sa température

Il est important de permettre à votre chat de réguler sa température en faisant librement des allers et retours entre un endroit frais et un endroit chaud.

Les critères de choix de minou
Pour l'emplacement de son lit, le chat choisit toujours un endroit qui lui procure de la tranquillité, de la sécurité et des conditions convenables en matière de température et d'humidité.

3

Attention au risque d'ingestion

C'est une bonne idée de tapisser le panier de minou avec sa couverture préférée mais, si votre chat aime mâchouiller les étoffes en polaire ou en laine, alors ne mettez rien dans son panier.

Une bouillotte en hiver
Pour protéger minou du froid, donnez-lui une bouillotte.

UNE LITIÈRE AGRÉABLE

Certains propriétaires de chats utilisent des bacs à litière dits « autonettoyants » censés être plus pratiques et moins odorants. Mais il n'est pas certain que les chats apprécient ce genre de toilettes.

LE BAC À LITIÈRE NE DOIT JAMAIS SENTIR MAUVAIS

Qu'est-ce qu'un bac à litière idéal ? C'est un contenant mesurant au moins 1,5 fois la longueur de minou. Mais plus c'est grand, mieux c'est. Il doit également être assez profond pour qu'il n'y ait pas trop de projections de litière en dehors du bac quand minou recouvre ses excréments.

Par ailleurs, il est conseillé d'utiliser un bac ouvert, c'est-à-dire sans toit, pour éviter que les relents imprègnent le petit coin de minou.

1

Le nombre de bacs à litière

Durant votre sommeil ou votre absence, le bac à litière n'est pas nettoyé. L'idéal serait donc de toujours disposer d'un bac par chat et d'un bac supplémentaire.

Faciliter l'accès au bac pour les chats seniors

Confectionnez-leur une petite rampe pour faciliter leur accès au bac et ainsi soulager leurs articulations douloureuses (page 136).

Nouveau bac à litière

Remplissez-le avec de la litière usagée, imprégnée de l'odeur de minou. Cela l'aidera à adopter plus facilement son nouveau coin W-C.

2

La litière idéale

Vous trouverez dans le commerce un large choix de litières. Choisissez toujours une litière minérale, dont la texture ressemble le plus possible à du sable.

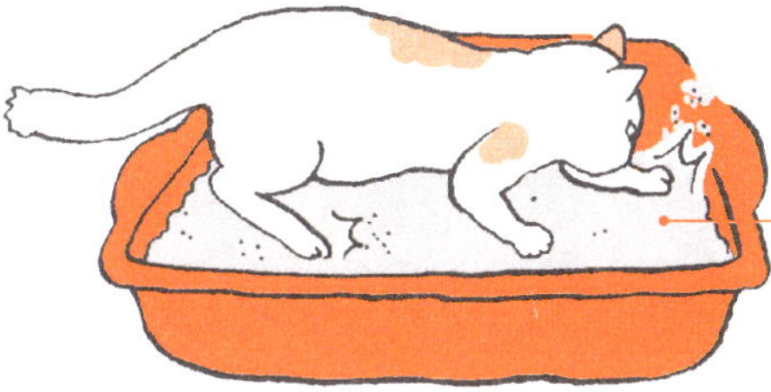

Essayez plusieurs sortes de litière

Pour connaître les préférences de votre chat, faites des tests avec plusieurs sortes de litière.

3

L'emplacement de son bac à litière

Pour que minou puisse aller au petit coin tranquillement, il faut éviter de placer son bac dans le passage et dans des endroits bruyants.

Jamais dans le noir complet

Si vous posez son bac à litière dans un endroit qui se retrouve dans l'obscurité complète après extinction des lumières, minou ne verra plus rien.

LE GRIFFOIR IDÉAL

Il existe dans le commerce des griffoirs de matière et de forme très différentes. On trouve même des paniers avec griffoirs intégrés sur le côté.

GRIFFOIR INDISPENSABLE POUR UNE COHABITATION HARMONIEUSE AVEC SON CHAT

Minou ne peut s'empêcher de s'adonner aux joies des griffades ; c'est un comportement inné (page 58). Mais il n'est jamais agréable de voir ses meubles favoris et son papier peint lacérés...

Pour pouvoir vivre en harmonie avec votre petit compagnon, il est indispensable de mettre un griffoir à sa disposition. Vous pouvez en installer un près des meubles et des objets en cuir qui risquent de faire les frais de ses griffades.

1

Essayez plusieurs sortes de griffoir

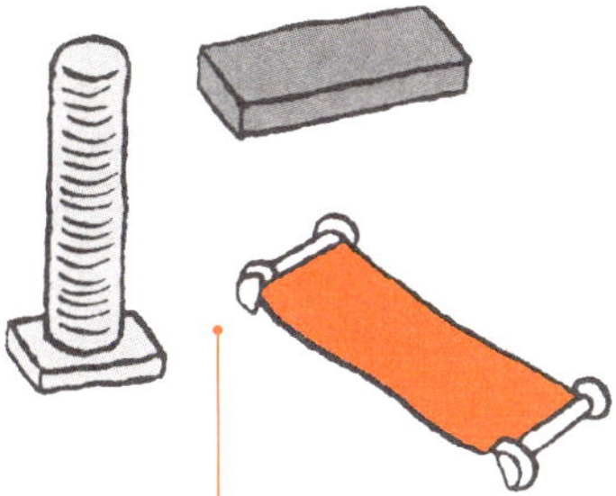

Les griffoirs peuvent être fabriqués dans des matières très diverses : bois, carton, jute, moquette, etc. Chaque chat ayant ses préférences, laissez à minou le choix de son griffoir après lui en avoir fait tester quelques-uns.

Avantages et inconvénients des différentes matières
Le jute accroche bien les griffes et génère peu de débris. Le carton est peu onéreux mais a tendance à s'émietter. Le bois est ce qui se rapproche le plus de ce que les chats utilisent dans la nature pour leurs griffades. Un griffoir en moquette est résistant mais plutôt onéreux.

2

Combien de griffoirs ?

Si vous avez suffisamment de place, installez plusieurs griffoirs. Vous pouvez les poser par terre ou verticalement contre un mur.

Emplacement des griffoirs
Installez-les près des meubles et des objets que vous voulez protéger des griffes de votre petit félin. Si vous frottez de la cataire sur ses nouveaux griffoirs, minou les utilisera sans rechigner.

3

Entraîner son chaton à utiliser un griffoir

Installez votre chaton face à un griffoir, puis prenez ses deux pattes avant et faites-les bouger, comme pour imiter les mouvements de la griffade. Minou laissera son odeur sur le griffoir, ce qui l'incitera à le réutiliser.

Renouveler son griffoir régulièrement
En utilisant un griffoir, minou arrache ses vieilles griffes pour les remplacer par de nouvelles. Avec un griffoir usagé, il ne pourra pas acérer suffisamment ses griffes.

AMÉNAGER LA MAISON POUR UN CHAT SENIOR

Veillez à réaménager leur lieu de vie en fonction du degré de leur déclin physique.

AMÉNAGER UN ENVIRONNEMENT SANS DANGER

Un jeune chat a besoin de se dépenser pour renforcer son ossature et sa musculature. C'est pourquoi il lui faut un arbre à chat pour s'exercer à monter et à descendre.

Mais avec l'âge, sa masse musculaire commence à fondre. Pour éviter que minou se blesse en chutant d'un endroit élevé, il est plus prudent de lui retirer son arbre à chat lorsqu'il montrera ses premiers signes de vieillissement, vers l'âge de 13 ou 14 ans. N'oubliez pas qu'un chat peut se fracturer les os en tombant du haut d'un canapé, c'est-à-dire d'un endroit peu élevé.

1

Le déclin de ses cinq sens

En vieillissant, il peut éprouver des difficultés à appréhender son environnement. Ne changez pas inutilement l'emplacement de vos meubles pour ne pas le perturber.

Les signes avant-coureurs
Si votre chat ne vous regarde plus, c'est peut-être qu'il a perdu la vue. Et s'il miaule bruyamment, c'est qu'il est sûrement devenu dur d'oreille...

2

Bien régler la température intérieure

Les vieux chats ont du mal à réguler leur température corporelle. Veillez à maintenir une faible amplitude thermique entre la fenêtre et le centre de la pièce, et entre l'extérieur du foyer et l'intérieur. L'idéal serait de régler la température ambiante à 28 °C en été, et entre 22 °C et 24 °C en hiver.

Attention au taux d'humidité
Un air trop sec est mauvais pour les chats. N'hésitez pas à utiliser un humidificateur pour élever l'hygrométrie de votre intérieur à 50 %.

3

Éliminer les sources possibles d'accident domestique

Pour réduire tout risque de chute, il convient de lui retirer son arbre à chat et d'installer une barrière devant les escaliers.

Éviter que minou devienne sédentaire
Les vieux chats ont tendance à devenir sédentaires à cause de leurs difficultés à monter et à descendre. Pour inciter minou à bouger malgré tout, il est conseillé de continuer à jouer avec lui mais au sol.

DÉMÉNAGER SANS STRESSER SON CHAT

Lors d'un déménagement, évitez d'acheter des objets neufs. En emportant avec vous le maximum de meubles et d'affaires de minou usagés (bac à litière, gamelles), vous emplirez votre nouvelle maison d'une odeur qui est familière à votre chat.

Quelque chose a changé ?

LIMITER LES EFFETS D'UN CHANGEMENT D'ENVIRONNEMENT

Un déménagement représente toujours un grand bouleversement dans le train-train quotidien d'un chat. Quitter un endroit familier pour intégrer un nouveau lieu de vie est stressant, aussi bien pour les humains que pour nos petits compagnons. Afin de limiter leur niveau de stress, il convient d'accorder une attention minutieuse au déroulé de l'opération.

1

Gare à la fugue !

Pendant le déménagement, la porte de la maison reste souvent grande ouverte pour permettre le transport des meubles.
D'autre part, les va-et-vient des déménageurs peuvent effrayer minou. Vous pouvez l'enfermer dans sa cage de transport afin d'éviter toute tentative de fuite.

Confier son chat
Les mouvements continus peuvent causer du stress à votre animal. Pourquoi ne pas le confier le temps du déménagement ?

2

Problème de santé post déménagement

Tout dépend des individus, mais certains chats s'adaptent à leur nouvel environnement en quelques jours, tandis que d'autres ont besoin de quelques semaines. Il peut arriver que le chat perde un peu l'appétit après un déménagement. Si le symptôme persiste, n'hésitez pas à l'emmener chez le vétérinaire.

Expliquer concrètement les symptômes à son vétérinaire
Il est important de fournir des informations concrètes à votre vétérinaire, comme la quantité de croquettes consommées quotidiennement par votre chat et le nombre de fois où il va à la litière.

3

Repérer un cabinet vétérinaire près de son nouveau domicile

Il n'est pas impossible que votre chat tombe malade à cause du stress causé par le déménagement. Il est recommandé de repérer un cabinet vétérinaire dans votre nouveau quartier avant même votre emménagement.

Trouver un vétérinaire à proximité
Choisissez toujours un vétérinaire se trouvant à moins d'une demi-heure de chez vous.

UNE CAGE DE TRANSPORT POUR UNE PETITE BALADE

On ne peut pas promener minou en laisse car le corps d'un chat est tellement souple qu'il risquerait de s'échapper du harnais. Il faut donc obligatoirement transporter votre petit félin dans une cage.

UNE CAGE EN PLASTIQUE AVEC OUVERTURE PAR LE HAUT

Il existe de nombreux modèles de cage dans le commerce mais, pour emmener votre chat chez le vétérinaire, je conseille un modèle qui s'ouvre par le haut. En effet, il arrive que le praticien examine le chat en le laissant dans sa cage. Par ailleurs, je vous recommande un modèle en plastique plus facile à nettoyer et auquel les griffes de minou ne peuvent s'accrocher.

1

Comment l'habituer à sa cage de transport ?

Si vous ne sortez la cage de transport que pour l'emmener chez le vétérinaire, minou finira par se méfier à sa simple vue. Si celle-ci est constamment posée dans son espace de vie, il aura l'occasion d'y entrer et de se familiariser avec elle.

Quelle taille choisir ?
Il est conseillé de choisir une cage suffisamment grande pour que votre chat puisse étirer ses pattes en s'allongeant. N'oubliez pas de tapisser le fond avec une serviette ou une couverture.

2

Se déplacer avec minou

Quand vous prenez les transports en commun, vous ne devez sous aucun prétexte sortir votre chat de sa cage. Évitez également de vous déplacer pendant les heures de pointe car cela le stresserait énormément.

Déplacement en voiture
Mettez votre chat dans sa cage de transport et attachez celle-ci avec la ceinture de sécurité. En été, si vous devez laisser votre chat dans la voiture, n'éteignez surtout pas la climatisation !

3

Dans la salle d'attente du vétérinaire

Ne sortez pas minou de sa caisse dans la salle d'attente. À cause de la présence d'autres animaux, votre chat pourrait prendre peur. S'il est particulièrement stressé, vous pouvez recouvrir sa caisse avec une serviette.

Si minou doit rester longtemps dans la caisse
Vous pouvez la tapisser avec des serviettes absorbantes. Dans le cas d'un long déplacement en voiture, essayez de sortir votre chat de sa caisse régulièrement pour qu'il puisse se dégourdir les pattes.

En attendant votre tour
Dans la salle d'attente, vous rencontrerez d'autres propriétaires de chat qui ont peut-être les mêmes soucis que vous. Profitez de ce temps d'attente pour échanger.

PENSE-BÉBÊTE

5

LA CHAMBRE IDÉALE

① L'arbre à chat

Les chats aiment être perchés. Grâce à l'arbre à chat, minou peut s'exercer à monter et à descendre les différents niveaux. Vers l'âge de 13 ou 14 ans, retirez-lui son arbre et incitez-le à jouer au sol.

② Caisse de transport

Pour familiariser minou avec sa cage de transport, prenez l'habitude de poser cette dernière dans l'espace de vie de votre chat. La caisse idéale s'ouvre par le haut et est en plastique.

③ Bac à litière

Le bac doit être grand et profond, sans toit. Le bac doit être posé dans un endroit calme et proche de là où minou passe le plus clair de son temps.

④ Sur la table

Il ne faut pas y laisser traîner vos restes ou vos médicaments. D'autre part, évitez de poser sur la table des objets fragiles ou précieux...

⑤ Un endroit frais

Certains chats n'aiment pas la climatisation. En été, offrez à minou un tapis rafraîchissant ou laissez les portes ouvertes pour qu'il puisse passer d'une pièce à l'autre.

⑥ Les câbles électriques

Beaucoup de chats aiment mâchouiller les câbles électriques. Il faut donc dissimuler ces câbles ou les recouvrir avec des gaines conçues à cet effet.

⑦ Le griffoir

La griffade est un comportement inné chez les chats. Pour éviter que minou griffe vos meubles et vos papiers peints, installez un griffoir dans son espace de vie.

⑧ Son lit

Préparez plusieurs nids douillets dans des endroits calmes, mais à portée de votre vue. Votre chat choisira son « lit » au gré de ses envies du moment.

CHAPITRE

6

TOUT SAVOIR SUR LE CHAT

L'ESPÉRANCE DE VIE D'UN CHAT ET LES DIFFÉRENTES ÉTAPES DE SA VIE

L'espérance de vie n'est pas la même pour tous les chats. D'autre part, ils ne vieillissent pas au même rythme que les humains.

L'ESPÉRANCE DE VIE D'UN CHAT

La longévité moyenne varie selon le mode de vie. Elle est de 15 ans pour un chat d'intérieur, de 12 ans pour un chat domestique qui a accès à l'extérieur et de 5 à 10 ans pour un chat errant.

Pour les chats d'intérieur, l'espérance de vie s'est beaucoup allongée ces dernières années grâce aux progrès de la médecine vétérinaire et à la prise de conscience des maîtres. En effet, l'habitude de nourrir nos chats avec des restes de repas a pratiquement disparu et la qualité des croquettes s'est sensiblement améliorée.

Équivalence entre l'âge d'un être humain et celui d'un chat

Étapes de la vie	Âge du chat	Âge humain	Les soins spécifiques
Chaton C'est à cette période de la vie que le chat est le plus pétulant. Il se sociabilise en apprenant les rudiments de la vie en société.	0-1 mois	0-1 an	Veillez à ce qu'il n'avale pas n'importe quoi. Ne pas oublier de l'emmener chez le vétérinaire pour ses examens médicaux et sa vaccination.
	2-3 mois	2-4 ans	
	4 mois	5-8 ans	
	6 mois	10 ans	
Chat juvénile C'est à ce moment que le jeune chat atteint sa maturité sexuelle : entre 5 et 12 mois pour la chatonne, et entre 8 et 12 mois pour le chaton mâle.	7 mois	12 ans	À partir de 6 mois, on peut stériliser ou castrer son chat à condition qu'il pèse plus de 2,5 kg. On en profite pour passer à une alimentation pour chats adultes.
	12 mois	15 ans	
	18 mois	21 ans	
	2 ans	24 ans	
Jeune chat adulte Il est plein d'énergie et au faîte de sa forme. C'est dans cette tranche d'âge qu'on retrouve les chats errants qui font figure de « chefs de meute ».	3 ans	28 ans	Durant cette période, les chats sont au mieux de leur forme tant physique que mentale. Mais ce n'est pas une raison pour négliger la visite médicale annuelle.
	4 ans	32 ans	
	5 ans	36 ans	
	6 ans	40 ans	
Chat d'âge mûr Ses capacités physiques commencent à décliner. Avant les récents progrès de la médecine, dans cette tranche d'âge les chats étaient dits « seniors ».	7 ans	44 ans	
	8 ans	48 ans	
	9 ans	52 ans	
	10 ans	56 ans	
Chat senior C'est vers l'âge de 13 ans qu'apparaissent les premiers signes de vieillissement au niveau des yeux, des genoux et des griffes.	11 ans	60 ans	Minou perd progressivement en agilité. C'est dans cette tranche d'âge que les ennuis de santé apparaissent.
	12 ans	64 ans	
	13 ans	68 ans	
	14 ans	72 ans	
Chat âgé Minou devient de plus en plus sédentaire. Comme il est plus fragile, il vaut mieux éviter de chambouler son environnement et de le laisser seul.	15 ans	76 ans	Avec le déclin de ses cinq sens, minou a de plus en plus de mal à s'adapter à un quelconque changement. Dans la mesure du possible, évitez de déménager ou même de changer l'emplacement des meubles.
	16 ans	80 ans	
	17 ans	84 ans	
	18 ans	88 ans	
	19 ans	92 ans	
	20 ans	96 ans	
	21 ans	100 ans	
	22 ans	104 ans	
	23 ans	108 ans	
	24 ans	112 ans	
	25 ans	116 ans	

Documents de référence : AAFP (American Association of Feline Practitioners), AAHA (American Animal Hospital Association)

COMMENT CHOISIR SON VÉTÉRINAIRE ?

Il existe de plus en plus de cliniques vétérinaires spécialement adaptées à l'accueil des chats. Choisissez la vôtre en fonction de votre chat.

CHOISIR UNE CLINIQUE QUI PRENNE EN COMPTE LE BIEN-ÊTRE DE MINOU

Beaucoup de chats sont stressés par les visites chez le vétérinaire. Une des solutions consiste peut-être à les confier à des cliniques réservées aux félins.

L'autre solution est de se fier au label « Cat Friendly Clinic » attribué par l'organisation ISFM* à certaines cliniques vétérinaires particulièrement soucieuses du bien-être des chats.

En effet, pour obtenir cette distinction, les cliniques doivent répondre à plus de cent critères tels que l'aménagement de salles d'attente distinctes pour les chats et les chiens, une salle de consultation dédiée aux chats, etc.

**L'ISFM (Société internationale de médecine féline) est une organisation mondiale d'experts félins basée en Angleterre.*

Très important !

Liste de critères pour choisir une bonne clinique vétérinaire

Posez-vous toutes ces questions avant de choisir une clinique pour votre chat :

- [ ] La salle d'attente et la salle de consultation sont-elles propres ?
- [ ] Le vétérinaire fournit-il suffisamment d'explications sur la maladie, le traitement et les analyses nécessaires ?
- [ ] Le chat est-il manipulé avec douceur ?
- [ ] Le vétérinaire est-il suffisamment compétent en matière de santé ?
- [ ] Le vétérinaire donne-t-il des informations en amont sur le coût des traitements et des analyses ?
- [ ] La facture est-elle suffisamment détaillée et facilement compréhensible ?
- [ ] Le vétérinaire répond-il à toutes vos questions et interrogations ?
- [ ] Le cabinet se trouve-t-il à proximité de chez vous ? Si ce n'est pas le cas, le vétérinaire assure-t-il des visites à domicile ?
- [ ] Le vétérinaire accepte-t-il de prendre en compte les avis de ses confrères ?
- [ ] Vous entendez-vous bien avec le vétérinaire ?

CE QUE COÛTE UN CHAT TOUT AU LONG DE SA VIE

Il ne faut pas lésiner sur les moyens pour entretenir la santé de minou. Au final, le traitement d'une maladie vous reviendra toujours plus cher que les dépenses consenties pour garder votre chat en forme.

METTRE DE L'ARGENT DE CÔTÉ POUR LES DÉPENSES IMPRÉVUES

Accueillir un chat chez soi coûte de l'argent. En effet, votre compagnon vivra une quinzaine d'années durant lesquelles il faudra régulièrement l'emmener chez le vétérinaire pour des consultations ou de simples rappels de vaccination. Et, à partir de 10 ans, sa santé fragile ne fera que grever davantage ces dépenses médicales. Il ne faut pas hésiter à faire des frais quand c'est nécessaire, c'est-à-dire pour une alimentation de qualité et pour les consultations vétérinaires.

1

La plupart des propriétaires de chat français dépensent autour de 180 euros par an en alimentation, et à peu près la même somme pour les frais vétérinaires et autres frais divers, ce qui fait un total d'environ 600 euros de dépenses annuelles par chat. Si on considère qu'un chat vit quinze ans, cela nous fait un budget total de 9 000 euros pour toute sa vie sans compter les différentes dépenses nécessaires lors de son accueil.

Les dépenses annuelles

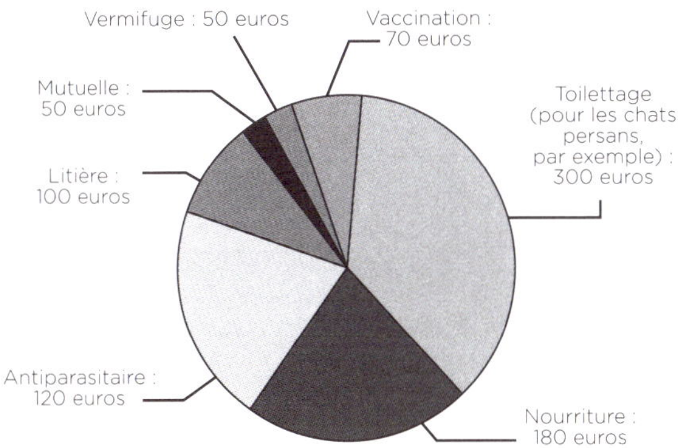

Note : ces informations sont données à titre indicatif. Les dépenses varient en fonction du chat (race, âge, fragilité...) Prévoyez un budget en cas de problème de santé ou tout imprévu qui pourrait survenir.

2

Les frais vétérinaires et autres interventions médicale

Consultation de base : 35 euros	Radiographie : 40 euros
Consultation d'urgence : 75 euros	Échographie : 50 à 80 euros
Vaccination : 70 euros	Analyse de sang ou analyse urinaire : 10 à 20 euros
Stérilisation : de 75 à 130 euros	

3

Les dépenses initiales (lors de l'accueil du chat dans votre foyer)

Gamelles : 3 à 15 euros	Caisse de transport : 25 à 75 euros
Griffoir : 4 à 30 euros	Collier : 3 à 23 euros
Bac à litière : 10 à 30 euros	Jouets : 3 à 75 euros
Panier : 7,5 à 75 euros	Total : 55 à 250 euros

LES MALADIES SPÉCIFIQUES À CERTAINES RACES

Les chats dits de race ont été façonnés par l'homme. Avant d'en accueillir un chez vous, il est important d'en connaître les caractéristiques.

LES CHATS DE RACE SONT PRÉDISPOSÉS À CERTAINES MALADIES

Ces animaux résultent d'une sélection génétique réalisée sur plusieurs générations afin de les faire correspondre à ces standards. Il en résulte des spécimens issus de lignées générationnelles réduites, voire consanguines, au sein desquelles les maladies héréditaires se transmettent de génération en génération. Voilà pourquoi il est important de connaître les pathologies ainsi que les traits de caractère spécifiques à chaque race.

Les pathologies des chats de race

Voici une liste succincte de races et des maladies auxquelles elles sont prédisposées. En dehors de cette liste, on peut noter que le chat norvégien peut être affecté par la glycogénose et la cardiomyopathie hypertrophique, le bengal par la neuropathie périphérique, le siamois par l'épidermolyse bulleuse, le british shorthair par la polykystose rénale type dominant (ou PKD).

	Races de chat		Caractère	Maladies à prédisposition génétique
Les grands chats (plus de 5 kg)		**Maine coon**	**Affectueux, doux**	Cardiomyopathie hypertrophique
		**Ragdoll**	**Doux, calme**	Cardiomyopathie hypertrophique
Les chats de taille moyenne (3 kg à 5 kg)		**Scottish fold**	**Doux**	Ostéochondrodysplasie, cardiomyopathie hypertrophique
		**Munchkin**	**Actif, joueur**	Pectus excavatum, maladies des articulations, affections dermatologiques
		**American shorthair**	**Doux, actif**	cardiomyopathie hypertrophique
		**Abyssin**	**Actif, joueur**	Maladies du sang, du foie, des yeux et de la peau, amyloïdose rénale
		**Persan**	**Doux, nonchalant**	Maladies des reins, des yeux et de la peau
Les chats de petite taille (2 kg à 3 kg)		**Singapura**	**Doux, affectueux**	Déficience en pyruvate kinase

LES MALADIES FRÉQUENTES

La maladie la plus fréquente chez les chats affecte les reins. Quelle que soit la pathologie, il est important d'identifier rapidement les premiers symptômes.

Les principales maladies qui touchent les chats

Maladie pouvant être évitée si le chat est vacciné et ne sort pas

Maladie pouvant être évitée si le chat est vacciné

S Symptome

Nom de la maladie	Symptômes et prévention	Nom de la maladie	Symptômes et prévention
Virus de l'immunodéficience féline (FIV ou sida du chat)	Le virus se transmet pendant les bagarres. Une fois contaminé, le chat ne peut s'en débarasser. Mais la maladie peut ne jamais se déclarer.	Bronchite/ pneumonie	D'un simple rhume, la maladie s'aggrave rapidement, il faut donc emmener votre chat en consultation rapidement.
	S Dysfonctionnement du système immunitaire, stomatite chronique.		**S** Toux, fièvre, difficultés respiratoires.
Leucose féline (FELV)	Le FELV est un virus qui se transmet par la salive, ou de la mère au fœtus. Une fois la maladie déclarée, il y a peu de chances de guérison.	Lymphome félin	C'est un cancer qui touche les lymphocytes.
	S Perte d'appétit, fièvre, diarrhée, anémie, tumeurs.		**S** Un manque d'appétit et une perte de poids. Le cancer est souvent détecté tardivement.

Nom de la maladie	Symptômes et prévention	Nom de la maladie	Symptômes et prévention
Rhino-trachéite virale féline (ou coryza du chat)	Le virus se transmet par sécrétion nasale ou salivaire. Une fois que le chat a attrapé le coryza, il en sera porteur à vie et peut déclarer la maladie plus tard. **S** Éternuements, nez qui coule, fièvre, conjonctivite.	Tumeur mammaire	Des tumeurs apparaissent au niveau des glandes mammaires chez les chattes âgées. Elles sont malignes dans 90 % des cas et peuvent métastaser vers les poumons et les ganglions lymphatiques. **S** Présence de nodules au niveau des mamelles et du ventre.
Panleuco-pénie féline (ou typhus félin)	Il s'agit d'une maladie très contagieuse et hautement mortelle qui se manifeste par une inflammation de l'intestin et une diminution des globules blancs. **S** Fièvre, vomissements, selles sanguinolentes. Les chatons sont particulièrement sujets à de violents vomissements et diarrhées.	Diabète	Cette maladie se manifeste par un taux de glucose trop élevé dans le sang. Les signes cliniques paraissent moins impressionnants que ceux d'un diabète humain. **S** Miction excessive, soif excessive, vomissements, marche sur les talons, perte de poids malgré un appétit conservé. Touche souvent les chats obèses.
Calicivirus félin (ou FCV)	C'est une maladie respiratoire qui se transmet au contact d'un chat porteur de ce virus. **S** Yeux qui pleurent, salivation, éternuements. Dans les cas les plus aigus, on peut constater une stomatite et une ulcération de la langue. Les chatons et les chats âgés sont les plus exposés.	Hyper-thyroïdie	Un excès de sécrétion d'hormones thyroïdiennes provoque une accélération du métabolisme, donc une dépense accrue d'énergie. Elle touche essentiellement des chats de plus de 8 ans. **S** Amaigrissement malgré un appétit accru, hyperactivité, agressivité. Un diagnostic précoce est souhaitable.
Chlamydiose féline	La maladie se transmet au contact d'un chat porteur de cette bactérie. **S** Éternuements, toux, écoulement de larmes, conjonctivite. Un diagnostic précoce est souhaitable.	Cystite	Il s'agit d'une inflammation de la vessie due à la formation de calculs urinaires. **S** Le chat urine fréquemment et son urine contient des traces de sang. On peut prévenir la maladie en faisant boire son chat suffisamment.
Péritonite infectieuse féline (PIF)	Il s'agit d'une inflammation du péritoine et de la plèvre. Elle peut se manifester par une forte inflammation des yeux et des reins. Maladie mortelle **S** Épanchement de l'abdomen et du thorax, perte d'appétit, fièvre, diarrhée. Le stress est un facteur aggravant.	Mégacôlon	Il s'agit d'un trouble fonctionnel du côlon qui se dilate anormalement et ne peut plus expulser les selles. **S** Constipation, perte d'appétit, vomissements. Pour prévenir ce trouble, il faut d'abord traiter le problème de la constipation.

LES ALIMENTS À NE PAS DONNER À UN CHAT

Parmi les aliments pour humains, certains sont toxiques pour les chats, mais leurs effets nocifs ne se manifestent que longtemps après ingestion par nos petits compagnons. De ce fait, on ne pense pas toujours à les incriminer lorsque nos chats tombent malades…

C'est pas bon pour moi !

MINOU DOIT SE CONTENTER DE LA NOURRITURE POUR CHAT

Comme expliqué à la page 26, parmi les aliments que nous consommons, beaucoup sont toxiques pour le chat ou peuvent lui causer des maladies à long terme. Quand minou pointe son adorable museau pendant que nous sommes à table, nous sommes tous tentés de lui donner un petit bout de ce que nous mangeons. Mais il ne faut jamais céder à la tentation car, si vous le faites une fois, votre chat prendra l'habitude de vous réclamer pitance, et même de vous voler de la nourriture au risque de s'intoxiquer.

Les aliments dangereux pour les chats

Danger limité (!) Danger moyen (!!) Danger fort (!!!)

	Les aliments dangereux	Conséquences sur leur santé
Fruits et légumes	Oignon, poireau, ciboule, ail (!!!)	L'alliinase de ces légumes détruit des globules rouges. Le chat peut être atteint d'anémie en 2 ou 3 jours et d'insuffisance rénale aiguë en une semaine.
	Avocat (!!)	La persine, contenue dans l'avocat, est toxique pour le chat : convulsions et détresse respiratoire.
Poissons et fruits de mer	Maquereau, poisson japonais (chinchard), sardine, thon (!)	Les acides gras insaturés et leur surconsommation peut provoquer un ictère : inflammation du pannicule et de la graisse viscérale, apparition de nodules, fièvre et douleurs.
	Viscères d'ormeau (!)	Si votre chat s'expose au soleil après avoir mangé des viscères d'ormeau, il risque de développer une photodermatose. Il faut traiter la maladie rapidement, avant qu'elle ne s'aggrave et conduise à la mort.
	Viscères d'encornet frais (!)	Une enzyme appelée « thiaminase » contenue dans ces viscères favorise la dégradation de la vitamine B1 : troubles neurologiques et par la dyspepsie.
Viandes	Viande de porc crue (!)	La viande de porc peut être infectée par un parasite appelé « toxoplasme ». Ce dernier ne provoque pas de symptômes graves chez le chat, mais peut contaminer l'homme par l'intermédiaire des crottes. Les femmes enceintes doivent être vigilantes.
	Foie en grande quantité (!!)	Si minou consomme du foie en excès, il risque d'être atteint d'hypervitaminose A, qui se traduira par une déformation des os.
Autres	Condiments (!!)	Le piment ou le poivre sont beaucoup trop forts pour les chats.
	Chocolat (!!!)	La théobromine contenue dans le cacao est toxique pour le chat : troubles digestifs et nerveux, des tremblements, de la fièvre, des convulsions, etc. Dans le pire des cas, minou peut même en mourir.
	Raisins, raisins secs (!!)	On a constaté récemment chez le chien que l'ingestion de raisin avait des conséquences néfastes sur les reins. Comme on ne connaît pas encore l'éventuelle conséquence sur la santé du chat, il vaut mieux être prudent et ne pas lui en donner.

UNE ALIMENTATION ADAPTÉE À CHAQUE ÉTAPE DE LA VIE

La manière de nourrir votre chat compte tout autant que le contenu de sa gamelle.

DONNEZ UNE ALIMENTATION VARIÉE À VOTRE CHATON POUR QU'IL NE FASSE PAS LE DIFFICILE PLUS TARD

À chaque stade de la vie, le chat a des besoins en nutriments et en calories spécifiques. Il faut y accorder une attention toute particulière pour les chatons et les chats seniors. Concernant les chatons sevrés, il est judicieux de leur donner de la nourriture « spéciale chatons » de différentes marques pour les habituer à manger de tout.

Pour ce qui est des chats âgés, il est bien entendu recommandé de les nourrir avec de la nourriture dédiée aux chats seniors, la quantité devant être ajustée selon la carrure et le niveau d'activité de chaque individu.

Conseils et précautions en fonction de l'âge

Stade de la vie		Conseils et précautions
Chaton (jusqu'à 6 mois)	**Chaton tétant** (jusqu'à 4 semaines)	Après la mise bas, la chatte sécrète un liquide appelé « colostrum », qui permet à ses chatons de s'immuniser contre les micro-organismes. Si les chatons n'ont pas pu téter leur mère immédiatement après leur naissance, il est probable qu'ils ne bénéficient pas de l'immunité transmise par le colostrum. Il est prudent de les vacciner au plus vite.
	Chaton en cours de sevrage (jusqu'à 2 mois)	C'est vers l'âge de 4 semaines que le processus de sevrage débute. Les dents de lait commencent à apparaître et les chatons ont des besoins en énergie trois à quatre fois supérieurs à ceux d'un chat adulte. C'est pourquoi il faut leur donner progressivement une alimentation pour chatons très riche en calories. Comme les chatons ont un petit estomac, les repas quotidiens doivent être fractionnés en quatre ou cinq. La période de sevrage dure en général une à deux semaines.
	Chaton en période de croissance (de 2 à 6 mois)	Durant cette période, les chatons sont très actifs. Il faut donc leur donner une alimentation spéciale pour chatons car elle est conçue pour être digeste et à haute teneur en protéines et en calories. Si les chatons sont en bonne santé, vous pouvez leur donner à manger autant qu'ils veulent. Mais vérifiez bien leurs selles. Si celles-ci sont trop molles, il faut limiter la quantité de nourriture.
Chat juvénile (7 mois à 2 ans)		Sa ration alimentaire doit être calculée en fonction de son poids et de son niveau d'activité. Un chat très actif nécessite un apport calorique de 65 kcal par kilo, alors qu'un chat d'intérieur n'a besoin que de 45 kcal. Référez-vous aux indications mentionnées au dos des paquets de croquettes, tout en ajustant les quantités conseillées en fonction du poids, du niveau d'activité et de l'appétit de votre chat.
Chat adulte (3 à 10 ans)		Il s'agit d'une étape de sa vie marquée par la sérénité, tant sur le plan de la santé que celui du moral. Mais certains chats peuvent prendre de l'embonpoint, à l'origine de nombreuses maladies. Il faut donc veiller à ce que votre chat ait une alimentation équilibrée et pas trop calorique. Si vous voulez lui donner des friandises, celles-ci ne doivent pas excéder 10 % de son apport calorique journalier.
Chat senior (11 à 14 ans)		C'est le moment de passer à des croquettes pour chats seniors et d'être attentif au moindre changement dans son appétit et son état de santé. En raison de l'affaiblissement de son état général et de son immunité, le chat senior est plus exposé aux maladies. Si votre chat se met à boire plus, ou si au contraire il s'abreuve moins, c'est peut être le signe avant-coureur d'une pathologie. Un manque d'appétit pourrait indiquer qu'il souffre de parodontite.
Chat âgé (plus de 15 ans)		Tant que votre chat peut manger des aliments solides, continuez à le nourrir avec des croquettes. Mais, s'il n'a plus d'appétit, essayez de lui donner de la pâtée ou de ramollir ses croquettes avec de l'eau. N'oubliez pas de le soumettre régulièrement à un bilan de santé. Et, au moindre souci, emmenez-le chez le vétérinaire.

POSTFACE

Il y a quelques années, j'ai eu l'occasion de participer à un séminaire à l'étranger sur le comportement animalier. Et voici ce qu'un des participants a raconté :

« Un chien pense à propos de ses maîtres : "Ils m'offrent le gîte et le couvert, ils m'aiment et me protègent. Ils doivent être des dieux !" Mais le chat, lui, pense : "Mes maîtres m'offrent le gîte et le couvert, ils m'aiment et me protègent. Je dois donc être un dieu !" »

Évidemment, il s'agit là d'une boutade. Mais elle traduit bien ce que nous pouvons appeler « la psychologie du chat ». Après tout, qui sait si nos amis les chats ne nous prennent pas un peu pour leurs loyaux serviteurs ?

Quoi qu'il en soit, en tant que propriétaire de chat, il est important de se demander constamment comment faire pour comprendre son petit compagnon et se faire aimer de lui, quelle action mener pour le garder en bonne santé le plus longtemps possible.

Certes, les chats ne sont pas aussi démonstratifs que les chiens. Mais cela ne veut pas dire que nos petits félins sont dépourvus d'émotions. Pour bien capter les subtils messages que les chats essaient de nous transmettre, il faut juste avoir de bonnes connaissances de base, complétées par quelques trucs et astuces.

Je serais très heureux si ce livre pouvait vous aider à mieux comprendre votre chat et à mener une vie harmonieuse avec lui.

La Clinique du chat de Tokyo
Dr Yuki Hattori

NEKO NO KIMOCHI KAIBOU ZUKAN by Yuki Hattori

Original Japanese edition published by arrangement
with X-Knowledge Co., Ltd. Tokyo in core of Tuttle-Mori Agency, Inc. Tokyo.

58 rue Jean-Bleuzen
92178 Vanves Cedex

Traduction : Ryoko Akiyama
Édition : Marie Gosset
Mise en pages : Guillaume Arduré

7594311/03
ISBN : 978-2-501-13351-7
Achevé d'imprimer en Espagne en janvier 2019
par Industria Grafica Cayfosa

PAPIER À BASE DE
FIBRES CERTIFIÉES

MARABOUT
s'engage pour l'environnement
en réduisant l'empreinte carbone
de ses livres.
Celle de cet exemplaire est de :
1,2 kg éq. CO_2
Rendez-vous sur
www.marabout-durable.fr